INOVAÇÃO
SEM
COMPLICAÇÃO

IGOR
MAZAKI

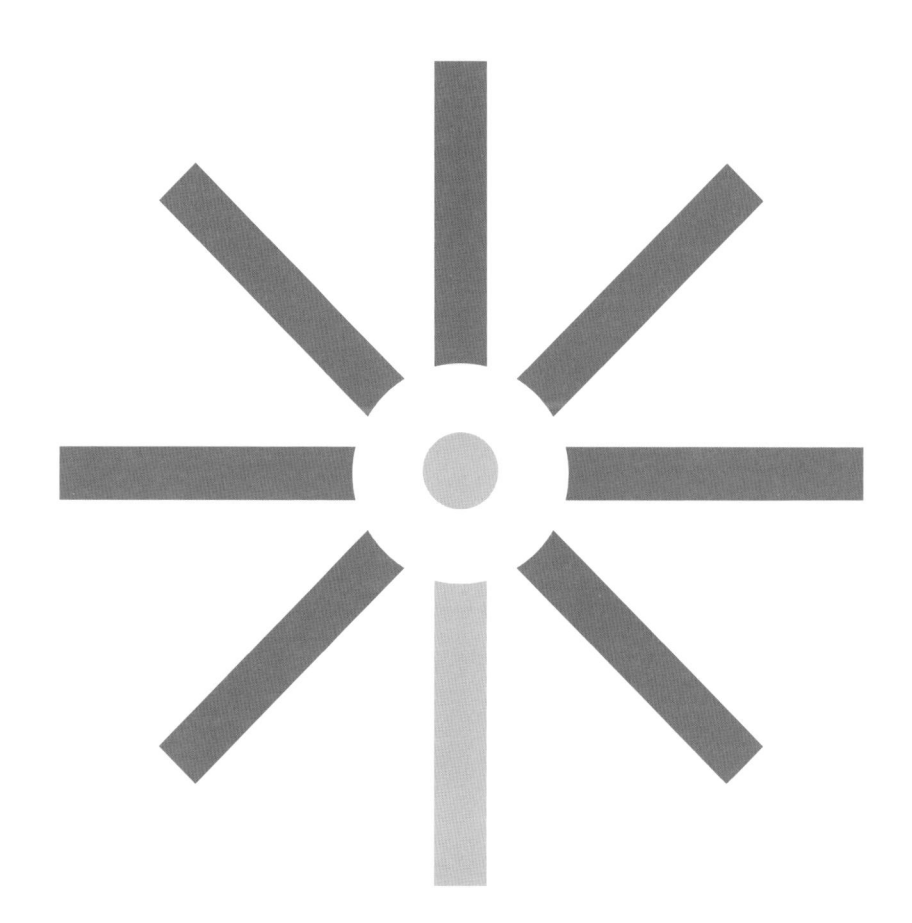

iNOVAÇÃO
SEM
COMPLICAÇÃO

Inove de uma forma simples, disruptiva e eficiente

Copyright © Igor Mazaki, 2024

Direitos de edição da obra em língua portuguesa no Brasil adquiridos pela AGIR, selo da EDITORA NOVA FRONTEIRA PARTICIPAÇÕES S.A. Todos os direitos reservados. Nenhuma parte desta obra pode ser apropriada e estocada em sistema de banco de dados ou processo similar, em qualquer forma ou meio, seja eletrônico, de fotocópia, gravação etc., sem a permissão do detentor do copirraite.

EDITORA NOVA FRONTEIRA PARTICIPAÇÕES S.A.
Av. Rio Branco, 115 — Salas 1201 a 1205 — Centro — 20040-004
Rio de Janeiro — RJ — Brasil
Tel.: (21) 3882-8200

Dados Internacionais de Catalogação na Publicação (CIP)

M972i	Inovação sem complicação: inove de uma forma simples, disruptiva e eficiente/ Igor Mazaki Murakami. — Rio de Janeiro: Agir , 2024.
	ISBN: 978.65.5837.179-3
	1. Aperfeiçoamento pessoal inovação . I. Título
	CDD: 158.1
	CDU: 130.1

André Felipe de Moraes Queiroz – Bibliotecário – CRB-4/2242

CONHEÇA OUTROS LIVROS DA EDITORA:

Sumário

Prefácio 7

Introdução 13

Capítulo 01
Como inovar no mundo atual? 17

Capítulo 02
O que é inovação?
Desvendando o concreto e o abstrato 27

Capítulo 03
Inovação não é *rocket science*
(mas também pode ser!) 41

Capítulo 04
A realidade por trás dos tipos de inovação: evitando o "blá-blá-blá teórico" e focando no resultado 69

Capítulo 05
Cultura e inovação: o impacto da
inovação na cultura da empresa   91

Capítulo 06
Como a inovação muda alguns
mercados tradicionais   125

Capítulo 07
O ecossistema da inovação:
introdução à ideia de ecossistema
em inovação   141

Capítulo 08
O Método T de inovação:
como funciona na prática e como
evitar fanatismos   151

Capítulo 09
Inovação sem desculpas:
dicas práticas para lidar com
as objeções   175

Capítulo 10
Visão de futuro e conclusão   183

PREFÁCIO

Nasci em São Paulo, filho de uma família de classe média. Como muitas famílias no Brasil, cresci imerso em duas culturas: a brasileira, herança de minha mãe, e a oriental, devido à descendência japonesa de meu pai. Essa dualidade cultural enriqueceu minha visão de mundo, influenciando profundamente o conteúdo deste livro, especialmente o método de inovação que compartilho. Além disso, minha jornada profissional foi marcada por experiências inspiradoras em grandes corporações ao redor do mundo.

Com meu trabalho, tive o privilégio de viajar por diversos lugares — Estados Unidos, Europa, China, Japão, Israel —, onde pude interagir com mentes brilhantes e absorver as nuances de diferentes culturas. Essa diversidade de experiências moldou profundamente minha visão sobre inovação e negócios, e me proporcionou uma compreensão abrangente do panorama empresarial global.

É importante destacar duas pessoas que foram verdadeiros alicerces em minha trajetória profissional. François Dossa, meu mentor, desempenhou um papel fundamental ao me guiar e me fornecer a sabedoria necessária para meu crescimento. Trabalhar ao lado dele foi uma verdadeira escola, na qual aprendi não apenas metodologias, como também valores essenciais para minha jornada e, de forma prática, o método que apresento neste livro. Tenho muito orgulho da parceria que construímos ao longo dos anos.

Igualmente importante, não posso deixar de mencionar o apoio incondicional da minha esposa e da minha família. Enquanto eu visitava todos esses lugares, trabalhava incansavelmente e acumulava experiências, eles sempre tiveram toda a paciência do mundo e apoiaram minha carreira. Minha esposa, em particular, desempenhou um papel fundamental, oferecendo suporte emocional e prático, sendo uma verdadeira parceira em todas as etapas do caminho.

É claro que, além deles, muitos outros encontros foram responsáveis por você ter este livro em mãos, pois ele é fruto de inimagináveis reuniões e projetos dos quais participei e liderei ao longo dos anos. Ninguém faz nada sozinho, e eu poderia citar dezenas de outras pessoas, mas acabaria cometendo a injustiça de esquecer algum. Tenho plena convicção de que foram estes encontros que me moldaram e me deram a visão de mundo e de negócios que apresento aqui para você.

* * *

Neste livro, você não vai encontrar uma biografia, mas sim reflexões sobre inovação e sua aplicação nos negócios. Apresento o Método T, que representa duas perspectivas importantes da inovação, geralmente negligenciadas uma pela outra. É fundamental construirmos uma ponte entre elas para inovarmos de forma descomplicada e eficaz.

Antes de mergulharmos nas páginas que se seguem, quero convidá-lo a uma reflexão profunda sobre o que realmente significa inovar. *Inovação sem complicação* não é apenas um título, é uma forma de pensar, uma maneira de ver e interagir com o mundo que nos rodeia, uma demonstração de que o poder de transformar, criar e reinventar está ao alcance de todos.

Este livro nasceu de uma observação simples, mas poderosa: a necessidade premente de uma abordagem prática para a inovação, um método palpável que construa uma base sólida para o extraordinário florescer. Ao longo da minha trajetória pessoal e profissional, mergulhei nas profundezas do universo da inovação. Descobri que sua verdadeira essência reside na simplicidade e universalidade, na capacidade de cada indivíduo de enxergar o extraordinário no ordinário, vislumbrar o impossível naquilo em que outros veem apenas o familiar.

Aqui, você encontrará histórias inspiradoras, lições práticas e *insights* valiosos, todos entrelaçados com o objetivo de desmistificar a inovação. Cada capítulo foi cuidadosamente elaborado para não apenas informar, mas também inspirar e capacitar. Desde a compreensão da etimologia e evolução do termo "inovação" até a exploração do Método T, este livro foi desenhado para ser seu guia, seu companheiro na descoberta da sua própria capacidade de inovar.

À medida que avançamos juntos nesta jornada, você será desafiado a repensar conceitos, a quebrar paradigmas e a ver além das fronteiras do convencional. Vamos explorar como a cultura de inovação pode ser cultivada em qualquer ambiente, como os ecossistemas de inovação funcionam e o quanto são necessários, bem como os desafios enfrentados ao inovar. Mais do que isso, você será convidado a aplicar essas aprendizagens em sua vida e em seus negócios.

Inovação sem complicação é mais do que um livro, é um manifesto para a mudança, um mapa para a criatividade e um farol para aqueles que buscam navegar nas águas, às vezes turbulentas, da inovação. É para aqueles que querem transformar e têm a coragem de fazer acontecer.

Portanto, convido você a se juntar a mim nesta aventura empolgante. Que este livro seja o início, ou o próximo passo, de sua jornada inovadora. Vamos juntos descobrir como inovar com os pés no chão e a mente nas nuvens!

Com entusiasmo e expectativa,
Igor

INTRODUÇÃO

Desde o alvorecer da humanidade, o impulso para inovar tem sido uma das forças motrizes do nosso desenvolvimento e progresso. Mas o que realmente significa inovar? Minha proposta é trazer no decorrer desta leitura a chave para desbloquear esse mistério ancestral, acompanhá-los em uma jornada que vai do início dos tempos até as fronteiras do amanhã.

Você está prestes a embarcar em uma expedição através dos tempos, explorando como o ato de inovar moldou civilizações, criou maravilhas e revolucionou a maneira como vivemos. Este livro não é apenas uma coleção de conhecimentos, é um convite para desvendar os segredos da inovação, revelando como este poderoso impulso está ao alcance de todos, aguardando para ser desencadeado.

Em nossa jornada, vamos desmistificar a inovação, despojando-a de sua aparente complexidade e revelando sua verdadeira natureza, acessível e prática. Encontraremos histórias de grandes inovadores, algumas famosas e outras ocultas nas sombras da história, cada uma iluminando diferentes aspectos deste fenômeno fascinante.

Esta obra também é um labirinto de ideias em que cada capítulo abre um caminho para novas perspectivas sobre a cultura e o ecossistema da inovação. Com o Método T como bússola, você aprenderá a navegar no mundo da inovação com uma clareza surpreendente. Mas esteja avisado: à medida que avançar, poderá encontrar obstáculos e revelações que desafiem a maneira convencional de pensar.

Este não é apenas mais um livro para guardar na estante, mas uma experiência para se viver. É um convite para olhar além do horizonte, para questionar, para sonhar, e, o mais importante, para agir.

Você está pronto para desvendar os mistérios da inovação? Então respire fundo, vire a página e mergulhe em um mundo no qual a inovação é descomplicada, mas sua capacidade de transformar é infinita.

CAPÍTULO 01

Como inovar no mundo atual?

> *A mente que se abre*
> *a uma nova ideia*
> *jamais volta ao*
> *seu tamanho original.*
> — Albert Einstein

Inovação é um dos temas mais discutidos no mundo, mas vale começarmos este livro analisando como a mente a processa e como o desenvolvimento criativo e inovador tem evoluído.

Para obtermos uma compreensão mais completa sobre a inovação, é fundamental começarmos explorando o mais fascinante e enigmático dos territórios: a mente humana. Como um vasto sistema de comunicação em constante evolução, o cérebro pode ser equiparado a uma rede global de informações na qual cada neurônio representa um nó interconectado.

Nesse contexto, imagine-se navegando por um oceano digital no qual cada *bit* de informação é como uma partícula de luz que se move incessantemente, conectando e transmitindo dados. Assim como as ondas eletromagnéticas viajam pelo espaço, os pensamentos fluem em um ritmo constante, gerando ideias e *insights* em um fluxo contínuo de criatividade.

Essa analogia com o universo digital nos permite visualizar o processo de criação e inovação de forma holística, desde a geração de ideias até a implementação e transformação delas em produtos ou serviços tangíveis. Assim como um sinal viaja de um ponto a outro na rede, as ideias percorrem um caminho de ponta a ponta, desde a concepção até a realização.

Biologicamente, podemos comparar esse processo a uma rede neural na qual cada neurônio desempenha um papel crucial na transmissão e processamento de informações. Da mesma forma que os dados são processados em um sistema de computação, os impulsos nervosos são interpretados e transformados em ações concretas em nosso cérebro, resultando em *insights* e inovações.

Essa abordagem de ponta a ponta nos permite compreender a inovação não como um evento isolado, mas como um processo contínuo e interconectado no qual cada etapa é essencial para um resultado bem-sucedido.

Filósofos e psicólogos há séculos se debruçam sobre este processo. Platão contemplou as ideias como formas eternas e perfeitas, enquanto Carl Jung as via emergindo do inconsciente coletivo, um reservatório de experiências humanas compartilhadas.

Como disse Albert Einstein, ao abrir nossa mente para uma nova ideia, ela jamais retorna ao seu tamanho original. Este é o poder e a magia do cérebro humano, o qual exploraremos neste livro, desvendando os segredos da inovação e como as ideias são concebidas e cultivadas até finalmente florescerem no jardim extraordinário da mente humana.

Um estudo feito por pesquisadores da University College London, no Reino Unido, e publicado na revista científica *Journal of Experimental Psychology* mostra que, em média, os jovens de hoje enfrentam um declínio na capacidade de concentração, raciocínio lógico e resolução de problemas. Isso decorre do aumento do uso de tecnologia, que oferece gratificação instantânea, mas talvez reduza a paciência necessária para enfrentar desafios complexos.

Notícias recentes[1, 2] também destacam como as gerações mais novas, apesar de terem acesso a uma quantidade sem precedentes de informações, parecem estar mais inclinadas a seguir tendências e a absorver informações prontas em vez de questionar, explorar e inovar. O acesso fácil à tecnologia e à informação, paradoxalmente, parece estar contribuindo para o declínio do pensamento crítico.

Por outro lado, as gerações anteriores valorizavam a simplicidade e a busca pelo entendimento profundo. Grandes pensadores do passado muitas vezes tinham acesso limitado a informações, mas compensavam essa limitação com uma

---

[1] Fonte: Planeta.com. Disponível em: https://planetapontocom.org.br/revista/entrevistas/capacidade-de-concentracao-esta-cada-vez-menor. Acesso em: 13/11/2023

[2] Fonte: *O Globo*. Disponível em: https://oglobo.globo.com/saude/medicina/noticia/2023/05/drenagem-cerebral-o-uso-exagerado-do-celular-suga-nossa-capacidade-cognitiva-diz-novo-estudo-entenda.ghtml. Acesso em: 13/11/2023

sede insaciável por conhecimento. Eles tinham tempo para refletir, questionar e desenvolver suas ideias de maneira ponderada e profunda.

Figuras notáveis da história contemporânea, como Albert Einstein e Steve Jobs, entenderam a importância de simplificar ideias complexas e torná-las acessíveis.

Einstein, com sua Teoria da Relatividade, trouxe a física para as massas, provando que a simplicidade estava no cerne da compreensão verdadeira. Ele percebeu que, para explicar conceitos complexos, era necessário traduzi-los em termos simples e universais.

Steve Jobs, com seus produtos inovadores, mostrou que a simplicidade e a elegância poderiam transformar a tecnologia. Ele acreditava que a tecnologia deveria ser uma extensão de nós mesmos, intuitiva e fácil de usar, em vez de nos confundir com botões e menus complexos.

Houve um tempo em que a inteligência das gerações mais jovens eclipsava a dos seus antecessores. No entanto, as últimas décadas viram uma mudança notável nesse padrão, e os números são reveladores. De acordo com um estudo conduzido pela Microsoft, a geração atual apresenta uma tendência preocupante de pensamento superficial, com uma queda significativa no desenvolvimento de habilidades cognitivas em comparação com as gerações anteriores.

Os dados, minuciosamente analisados por uma equipe de pesquisadores muito bem-conceituada, pintam um quadro sombrio. A capacidade de concentração[3], uma pedra angular do pensamento profundo, tem diminuído de forma notável: o tempo médio de atenção das pessoas caiu de 12 segundos para oito. Essa queda coloca os seres humanos abaixo até mesmo de um peixinho-dourado, que é capaz de se manter atento por até nove segundos. As habilidades de raciocínio lógico e de resolver problemas complexos também sofrem uma queda acentuada quando comparadas às gerações que vieram antes. Isso não é uma mera coincidência, mas uma tendência que precisa ser compreendida e combatida.

O que torna essa situação ainda mais intrigante é a forma como a tecnologia moderna se entrelaça com essa narrativa. O aumento vertiginoso do uso de dispositivos eletrônicos e a constante busca por gratificação instantânea parecem ser, em parte, responsáveis por minar a paciência necessária para enfrentar desafios que requerem esforço intelectual prolongado.

Notícias recentes também não deixam margem para dúvidas: a atual geração costuma absorver conhecimento superficial sem criticar ou elaborar pensamentos com base conteúdo recebido. O pensamento crítico, uma habilidade fundamental para enfrentar os desafios do mundo contemporâneo, parece estar em falta.

---

[3] Fonte: *O Globo*. Disponível em: https://oglobo.globo.com/economia/tempo-de-concentracao-das-pessoas-na-era-digital-menor-que-de-um-peixe-16153807. Acesso em: 20/12/2023.

No entanto, inovação não é apenas sobre ter ideias brilhantes, mas também sobre a capacidade de enfrentar obstáculos, superar fracassos e continuar avançando. É aqui que a resiliência entra em cena como uma habilidade vital para o inovador contemporâneo. A capacidade de resistir à adversidade, adaptar-se a mudanças e aprender com os desafios é essencial para aqueles que desejam moldar o futuro.

As gerações passadas também tiveram suas provações e tribulações, e é importante lembrar que muitos dos grandes inovadores do passado enfrentaram inúmeras dificuldades em suas jornadas. Albert Einstein, por exemplo, enfrentou críticas e rejeições antes de finalmente ver suas teorias aceitas pela comunidade científica. Steve Jobs, apesar do sucesso fenomenal, também passou por momentos de fracasso em sua carreira.

Esses ícones da inovação encaravam a resiliência como parte intrínseca de sua trajetória na vida e no trabalho. Eles entenderam que a inovação não é um caminho livre de obstáculos, mas uma jornada repleta de desafios e reviravoltas.

Este é o desafio que enfrentamos hoje: equilibrar o acesso à informação instantânea com a profundidade do pensamento crítico, aprendendo com os erros do passado e trazendo a inovação de volta à sua verdadeira essência.

Em um mundo em que aparentemente tudo já foi inventado, inovar pode soar como um desafio colossal. No entanto, a inovação não está apenas na criação de algo completamente novo, mas muitas vezes na reimaginação e combinação inteligente daquilo que já existe. Para isso, é essencial adotar uma abordagem interdisciplinar na qual a fusão de diferentes campos do saber possa gerar ideias revolucionárias. Imagine a arte encontrando a tecnologia ou as ciências humanas dialogando com a biotecnologia — as possibilidades são infinitas!

A chave para desbloquear essas possibilidades está na observação atenta e na disposição para questionar o *status quo*. Muitas vezes, as inovações mais impactantes surgem de uma compreensão profunda dos problemas cotidianos, daqueles detalhes que muitos consideram triviais ou aceitam sem questionar. Ao olhar para o mundo com curiosidade e um espírito questionador, podemos encontrar as sementes da inovação.

Além disso, manter-se a par das tecnologias emergentes é crucial. Áreas como inteligência artificial, nanotecnologia e energia sustentável estão em constante evolução e representam um vasto campo de oportunidades inovadoras. Estar atualizado com essas tendências não é apenas benéfico, é essencial para quem busca liderar a inovação.

A colaboração e a cocriação são igualmente vitais. Ao unir pessoas com diferentes históricos e habilidades, abrimos as portas para uma variedade de perspectivas e ideias. A inovação muitas vezes nasce da combinação de diferentes experiências e conhecimentos, criando soluções que são muito mais do que a soma de suas partes.

Adotar o Design Thinking é outra estratégia poderosa. Esta abordagem da inovação centrada no ser humano enfatiza a empatia, a colaboração e a experimentação. Ela nos ajuda a identificar necessidades não atendidas e a gerar soluções criativas e eficazes.

Não podemos esquecer da importância do aprendizado contínuo. Em um mundo que muda rapidamente, estar sempre aprendendo é fundamental. Isso significa não apenas adquirir novas habilidades, mas também estar aberto a novas ideias, tendências e perspectivas.

E, claro, devemos abraçar a mentalidade de "falhar rápido, aprender rápido". A inovação envolve riscos e momentos de fracasso são inevitáveis ao longo do caminho. O importante é aprender com eles, adaptar-se e seguir em frente com mais conhecimento e determinação.

Por fim, mas não menos importante, focar em soluções sustentáveis e socialmente responsáveis não é apenas bom para o mundo, mas também abre novos mercados e oportunidades de negócios. Além disso, estar atento às tendências globais e locais pode revelar necessidades emergentes e possibilidades de inovação.

Em resumo, a inovação está ao alcance daqueles dispostos a observar, questionar, colaborar, aprender e, acima de tudo, ousar pensar de maneira diferente. É um convite para olhar além do óbvio, explorar novas combinações e criar soluções que atendam às necessidades de um mundo em constante mudança.

CAPÍTULO 02

O que é inovação? Desvendando o concreto e o abstrato

No turbilhão dos negócios, somos constantemente envolvidos por uma teia de jargões, e, no centro desse emaranhado, a palavra "inovação" ressoa. É como um mantra, uma aspiração que todos buscam, mas raramente dedicam tempo para desvendar o seu verdadeiro significado. Vamos explorar esse termo fascinante que se tornou tão comum, mas que ainda guarda mistério.

A palavra "inovação" tem suas raízes no latim "*innovare*", que significa "renovar" ou "introduzir algo novo". É como adicionar uma cor vibrante a uma tela já conhecida ou inserir uma nota musical inesperada em uma melodia familiar. No entanto, para que essa novidade seja verdadeiramente apreciada, ela precisa se encaixar no quadro geral, uma dança sutil entre os "pés no chão e a mente nas nuvens".

Ao longo do tempo, a palavra "inovação" acumulou significados diversos, sendo associada a invenção, criatividade, novas ideias e soluções tecnológicas. Hoje, corre o risco de se tornar apenas uma expressão da moda no cenário corporativo, perdendo seu poder de transformação.

Para compreender a inovação é interessante explorar sua etimologia e as definições dadas por pensadores renomados. Joseph Schumpeter, em 1934, a caracterizou como um ato radical que, introduz algo novo ou combina elementos antigos para criar algo revolucionário. Outros teóricos ampliaram essa visão, considerando a inovação um processo de solução de problemas capaz de gerar valor para a organização.

A diversidade de perspectivas se reflete em definições contemporâneas. Clayton Christensen a vê como uma mudança no processo de transformação de recursos em produtos de maior valor. Já Joe Tidd e John Bessant a descrevem como o processo de transformar oportunidades em ideias executáveis.

Na prática, a inovação pode assumir diversas formas, desde a reformulação completa de processos até pequenas mudanças no *know-how*. A multiplicidade de definições reflete a complexidade dessa dança empresarial na qual a inovação é a coreografia que mantém as organizações em movimento.

Como Tim Brown, autor de *Design Thinking*, destaca: "A inovação é alimentada pela interseção entre o concreto e o abstrato, entre o que é e o que poderia ser".

Desta forma, vemos que a inovação é a força vital que impulsiona o progresso humano, moldando o futuro e redefinindo o presente. Ela transcende a mera invenção, representando a aplicação prática de ideias para criar algo novo ou significativamente melhorado.

No mundo concreto, a inovação se manifesta nos produtos tangíveis, processos eficientes e modelos de negócios revolucionários. É a engenhosidade que transforma celulares em uma extensão de nossas mentes, que torna os carros elétricos uma realidade palpável e que reinventa continuamente a maneira como interagimos com o mundo.

A inovação, porém, vai além do tangível. No mundo abstrato, ela se revela como uma mudança de paradigma, uma nova maneira de pensar. É a chama que acende a imaginação, alimenta a criatividade e desafia o *status quo*. É a coragem de questionar, de sonhar alto e de ver além do óbvio. Ela reside nas estratégias disruptivas, nas teorias revolucionárias e nas filosofias que impulsionam as mudanças na cultura e na sociedade.

A inovação não diz respeito apenas à tecnologia, mas também às pessoas, suas ideias e como elas podem melhorar o mundo. Abrange desde a inovação incremental, aquelas pequenas melhorias que fazemos dia após dia, até as mudanças radicais que redefinem mercados e criam universos de possibilidades. No mundo dos negócios, a inovação pode significar a diferença entre liderar o mercado e ficar para trás. Ela é a chave para desbloquear novos valores, atender às necessidades emergentes dos consumidores e abrir caminhos para o crescimento.

Além disso, a inovação social nos lembra que o progresso é medido tanto pelo lucro e pela eficiência quanto pelo impacto positivo na sociedade. Ela nos desafia a pensar não apenas no "o que" e no "como", mas também no "por quê".

É uma força a serviço do bem, que busca soluções para os problemas mais prementes do mundo, desde as mudanças climáticas até a desigualdade social.

Em suma, trata-se uma jornada tanto de descoberta quanto de criação. Exige curiosidade, coragem e uma vontade incansável de experimentar. No mundo atual, em constante mudança, a capacidade de inovar não é apenas desejável, mas também essencial. A inovação é o motor do progresso, e todos nós somos os engenheiros desse futuro em evolução contínua. Precisamos abraçar essa jornada com entusiasmo e imaginação, pois a inovação que nos possibilitará construir um mundo melhor para as gerações futuras.

Para nos aprofundarmos mais um pouco neste conceito, olhemos para trás, para algumas das maiores transformações que a humanidade já testemunhou — um período de grande inovação no qual diversas conquistas se destacam.

1. A Revolução Industrial

A Revolução Industrial, que se estendeu do final do século XVIII ao século XIX, foi um período de transformações e inovações que moldaram profundamente a sociedade, a economia e o panorama global.

A transformação concreta começou com uma revolução na produção. A introdução de tecnologias, como o notável tear mecânico e a máquina a vapor de James Watt, redefiniram os métodos produtivos. A máquina a vapor, em particular, transcendeu o status de inovação técnica e se tornou o coração pulsante da Revolução Industrial, fornecendo uma fonte confiável de energia utilizada em fábricas e meios de transporte.

No âmbito abstrato, a Revolução Industrial representou uma visão audaciosa de eficiência, antevendo um futuro no qual a produção em massa substituiria o trabalho manual. Essa visão, inicialmente quase utópica, concretizou-se através da aplicação prática de tecnologias emergentes. Esse ideal abstrato, tão revolucionário quanto as inovações concretas, redefiniu as expectativas da sociedade, delineando a mentalidade de progresso e eficiência característica da era moderna.

A produção em massa, resultante da mecanização, não apenas otimizou a eficiência e reduziu custos, como democratizou o acesso a produtos, alterando padrões de consumo e estilos de vida. Esse pilar da economia moderna, caracterizado pelo consumo em larga escala, ecoa na sociedade contemporânea.

A inovação também transformou os sistemas de transporte e infraestrutura. A construção de canais e ferrovias revolucionou a circulação de mercadorias e pessoas. O trem a vapor, por exemplo, encurtou distâncias e reduziu o tempo de viagem, deixando uma marca indelével na forma como nos locomovemos.

Na comunicação, o telégrafo foi uma peça-chave, permitindo a rápida troca de informações entre longas distâncias, catalisando o comércio e a coordenação industrial. Estas foram as bases da comunicação global, antecipando as tecnologias que conectam o mundo atualmente.

As mudanças sociais foram profundas, marcadas pela urbanização decorrente da migração para cidades industriais. Esse fenômeno originou uma classe trabalhadora que, devido às péssimas condições laborais, se mobilizou para reivindicar melhorias, o que motivou a criação das leis trabalhistas modernas.

Economicamente, a Revolução Industrial marcou a transição de muitos países para o sistema capitalista, impulsionando uma economia global orientada pela produção, pelo lucro e pela expansão de mercado consumidor.

Neste período também houve um crescimento acelerado na exploração do carvão, utilizado como combustível para as máquinas a vapor, o que proporcionou inovações na metalurgia, além de lançar as bases para futuras possibilidades de geração de energia.

2. A internet

A criação da internet, uma das maiores revoluções da era moderna, está intrinsecamente ligada à necessidade imperativa de comunicação eficaz durante a Guerra Fria. Não se trata apenas de uma proeza de engenharia, com servidores, cabos submarinos e satélites formando a espinha dorsal de uma vasta rede global de computadores. O verdadeiro poder da internet reside na visão abstrata de um mundo globalmente conectado no qual informações e ideias fluem livremente.

Essa grande transformação começou quando se compreendeu que a comunicação global instantânea era mais do que uma conveniência. Durante a Guerra Fria, a necessidade de uma rede de comunicação resistente a ataques se tornou vital. A criação de uma infraestrutura que permitisse a troca de informações de maneira rápida e segura era uma demanda estratégica.

A criação da internet foi uma resposta à urgência de se comunicar em tempo real, superando as limitações geográficas e as vulnerabilidades dos métodos tradicionais; logo, nasceu como uma solução inovadora para uma necessidade premente.

Assim, surgiu uma rede de computadores interconectados, inicialmente chamada de ARPANET, um projeto financiado pela Agência de Projetos de Pesquisa Avançada de Defesa (Defense Advanced Research Projects Agency, ou DARPA) dos Estados Unidos.

Com o tempo, essa inovação ultrapassou a esfera militar. A comunicação global instantânea tornou-se um facilitador para a cooperação internacional, a disseminação do conhecimento e a revolução nos negócios e no entretenimento. A internet, que foi concebida para atender a uma necessidade estratégica, evoluiu para se tornar o tecido conectivo que molda o mundo moderno.

Além disso, a descentralização da informação foi uma mudança significativa. Ao permitir que qualquer pessoa, em qualquer lugar, produzisse e acessasse informações, a internet se tornou um verdadeiro equalizador de conhecimento. Essa abertura possibilitou a ascensão de movimentos como o de software livre e de código aberto e projetos colaborativos como a Wikipedia, nos quais a colaboração global resultou em avanços notáveis.

Em resumo, a necessidade de uma comunicação robusta durante a Guerra Fria foi a virada de chave que impulsionou a criação da internet. Da urgência militar à conectividade global, ela não apenas atendeu a uma necessidade específica, mas solidificou as bases para uma revolução que continua impactando nosso presente e futuro digital.

3. O smartphone

Ao explorar as grandes transições da inovação, nos deparamos com a revolução que ocorreu nos nossos bolsos: o smartphone. Esta inovação, que modificou radicalmente a forma como nos comunicamos, trabalhamos e vivemos, não é apenas um dispositivo, mas um catalisador de mudanças sociais e tecnológicas sem precedentes.

No plano concreto, o smartphone é uma maravilha tecnológica, uma fusão de hardware e software que cabe na palma da mão. Desde o lançamento do primeiro iPhone, em 2007, por Steve Jobs e sua equipe na Apple, essa pequena tela tornou-se uma janela para um mundo de possibilidades. Mas a verdadeira revolução vai além do hardware brilhante; está na forma como o smartphone se tornou uma extensão de nós mesmos, alterando fundamentalmente nossa interação com o mundo.

A virada de chave que tornou o smartphone uma inovação tão impactante foi a convergência de diversas tecnologias. Câmeras de alta resolução, processadores poderosos, sensores biométricos, conexão ininterrupta à internet e uma infinidade de aplicativos criaram uma experiência multifacetada. O smartphone não é apenas um telefone, é uma câmera, uma calculadora, uma biblioteca, um assistente pessoal e muito mais.

Já no plano abstrato, a inovação desse dispositivo reside na forma como ele redefiniu a conectividade. Tornou-se o epicentro da nossa vida digital, permitindo-nos estar constantemente conectados uns com os outros e com o vasto mundo de informações ao nosso redor. A ideia abstrata de ter todo o conhecimento e comunicação na ponta dos dedos não apenas transformou o uso da tecnologia, mas também nossa percepção de tempo e espaço.

Além disso, o smartphone desempenhou um papel crucial na democratização da informação e na criação de uma sociedade mais interconectada. Redes sociais, plataformas de mensagens e aplicativos de compartilhamento de conteúdo deram voz a indivíduos de todos os cantos do mundo. A viralização de informações, notícias e ideias atingiu uma escala sem precedentes.

Os impactos na economia e nos negócios também são evidentes. O comércio eletrônico móvel, aplicativos de entrega, serviços baseados em localização e uma infinidade de soluções empresariais transformaram a maneira como compramos, vendemos e conduzimos negócios. Empresas que abraçaram a mobilidade prosperaram, enquanto novos modelos de negócios surgiram.

No entanto, assim como qualquer inovação, o smartphone trouxe desafios. Questões de privacidade, dependência digital, segurança cibernética e o impacto ambiental da produção massiva desses dispositivos são preocupações que demandam reflexão e ação.

O smartphone é um catalisador de mudança e um símbolo da era digital, indo muito além de mero dispositivo tecnológico. Ele encapsula a inovação tanto em sua forma física quanto nas funcionalidades e possibilidades que oferece. Ele redefiniu o que significa estar conectado, trazendo o mundo para nossas mãos e alterando a forma como interagimos com nosso ambiente, uns com os outros e com a informação. É uma inovação que continua a evoluir e a influenciar inúmeros aspectos da vida cotidiana, demonstrando o poder da tecnologia em transformar a sociedade.

Diante das principais transformações, vemos a criatividade como o combustível da inovação. Ela floresce quando cultivamos a curiosidade, a faísca inicial que nos impulsiona a explorar o desconhecido e a questionar o *status quo*. A curiosidade nos leva a fazer as perguntas, que podem abrir portas para novas possibilidades. É uma qualidade fundamental dos inovadores.

Esta abordagem nos desafia a conceber cenários alternativos, a questionar as premissas que damos como certas e a nos aventurar por caminhos desconhecidos. Como Albert Einstein sabiamente observou: "A mente que se abre a uma nova ideia jamais voltará ao seu tamanho original."

A psicologia cognitiva indica que a prática frequente de se perguntar "E se?" pode ampliar significativamente nossa capacidade de pensamento criativo. A "Regra E Se" não apenas é um convite para explorar possibilidades fora do comum, mas também uma ferramenta crucial para romper as barreiras autoimpostas que limitam nossa criatividade.

No entanto, a inovação não se limita ao universo das ideias abstratas. Sua verdadeira essência se manifesta quando conseguimos transformar visões e conceitos abstratos em produtos, processos ou serviços tangíveis e práticos. É essa habilidade de concretizar ideias que confere à inovação seu verdadeiro impacto.

Pesquisas em psicologia organizacional[4] destacam a importância da execução eficiente na inovação. Elas apontam que, sem uma ação estratégica e bem direcionada, até as ideias mais brilhantes podem se perder. Portanto, além da capacidade de gerar ideias inovadoras, o que distingue

---

4 Sem Parar Empresas. "Psicologia Organizacional". Disponível em: https://blog.sempararempresas.com.br/beneficios/psicologia-organizacional. Acesso em: 20/01/2024. FM2S. "Psicologia Organizacional". Disponível em: https://fm2s.com.br/blog/psicologia-organizacional#:~:text=A%20aplica%C3%A7%C3%A3o%20da%20Psicologia%20Organizacional,resolu%C3%A7%C3%A3o%20eficaz%20de%20desafios%20organizacionais. Acesso em: 20/01/2024.

os verdadeiros inovadores é saber implementá-las de maneira eficaz.

Ao abraçar a "Regra E Se" e cultivar uma mentalidade que valoriza a execução tanto quanto a ideia em si, abrimos as portas para um mundo de possibilidades ilimitadas. A verdadeira inovação reside na interseção entre a imaginação audaciosa e a ação pragmática. Ao equipar-se com as ferramentas e insights oferecidos neste livro, você dará um passo significativo não apenas em direção à inovação, mas também em direção a uma transformação pessoal e profissional que transcende o convencional, pavimentando o caminho para um futuro mais criativo, inovador e impactante.

CAPÍTULO 03

Inovação não é *rocket science* (mas também pode ser!)

"Inovação não é *rocket science*" desafia uma noção comum no mundo empresarial, no qual a complexidade é muitas vezes vista como um pré-requisito para o sucesso. Esta expressão sugere que a inovação, ao contrário do que muitos pensam, não necessita de conhecimentos altamente especializados ou de uma compreensão profunda de áreas complexas, como a engenharia aeroespacial.

A inovação é, em essência, a capacidade de olhar para o mundo de forma diferente. Não está atrelada a um QI elevado ou uma especialização em ciências avançadas, mas sim curiosidade, disposição para experimentar e aprender com os erros e habilidade de abordar problemas e desafios de maneiras novas e criativas.

Quando alguém diz que algo "não é *rocket science*", está sugerindo que não é tão complicado quanto parece. Da mesma forma, a inovação não deve ser vista como uma empreitada inalcançável. Pode-se compará-la ao trabalho de um chef de cozinha no qual a inovação emerge da habilidade em combinar ingredientes e técnicas de maneiras únicas e saborosas, e não tanto do uso de equipamentos sofisticados ou ingredientes raros.

Contudo, a inovação tem as próprias complexidades e desafios. Assim como a ciência aeroespacial, exige experimentação cuidadosa, ajustes precisos e, acima de tudo, a capacidade de aprender com os fracassos. Thomas Edison, um dos maiores inovadores da história, exemplifica isso perfeitamente na sua famosa citação, na qual diz que, durante sua jornada para inventar a lâmpada, encontrou dez mil maneiras que não funcionam.

A capacidade de inovar está ao alcance de todos. O exemplo do empresário que descobre uma nova maneira de atender seus clientes, ou do professor que desenvolve um método mais eficaz de ensino, ilustra como a inovação pode ser encontrada em qualquer lugar. Ela não é restrita a pessoas com habilidades especiais ou conhecimento avançado; é alimentada pela criatividade, paixão e persistência.

Em vez de ver a inovação como algo exclusivo de "cientistas aeroespaciais", é importante reconhecê-la como uma capacidade inerente a todos. Com a mentalidade certa, a vontade de explorar e a coragem de desafiar o convencional, cada indivíduo pode se tornar um inovador.

Diversos estudos e dados sobre inovação reforçam sua importância. Uma pesquisa inédita da Confederação Nacional da Indústria (CNI), encomendada ao Instituto FSB Pesquisa, revela que CEOs globais consideram a inovação um elemento essencial em suas estratégias de crescimento. Este dado reflete a importância que os líderes empresariais atribuem à inovação em um ambiente de negócios em constante mudança. "A inovação ocupa um papel primordial, mais importante do que nunca. No limite, nossa capacidade de inovar é que determinará quem fica com as portas abertas e quem vai desaparecer nesse ambiente de crescente pressão tecnológica e de sofisticação de mercado. Inovação precisa ser o centro da estratégia de desenvolvimento das empresas e, sobretudo, do país", afirma Robson Braga de Andrade, presidente da CNI.[5]

Muitas pesquisas que relacionaram inovação à lucratividade empresarial destacam que as empresas que investem em inovação têm uma probabilidade maior de aumentar suas receitas. Este é um indicativo claro do impacto financeiro que a inovação pode trazer para os negócios.[6]

A inovação não se limita à tecnologia. Um exemplo notável é a empresa Beyond Meat, que trouxe uma revolução para a indústria alimentícia com seus hambúrgueres à base de plantas. Estes produtos imitam a textura e o sabor da carne verdadeira, abordando questões importantes

---

[5] Portal da Indústria. "Inovar é sobreviver nos negócios, mostra pesquisa da CNI com 100 CEOs". Disponível em: https://noticias.portaldaindustria.com.br/noticias/inovacao-e-tecnologia/inovar-e-sobreviver-nos-negocios-mostra-pesquisa-da-cni-com-100-ceos/. Acesso em: 10/12/2023.

[6] Marcelo Pimenta. "Inovação e lucratividade: entenda como essa relação melhora seus resultados!". Disponível em: https://marcelo.pimenta.com.br/inovacao-e-lucratividade-entenda-como-essa-relacao-melhora-seus-resultados/#:~:text=Entre%20as%201000%20maiores%20empresas,a%20Apple%20e%20a%20Toyota. Acesso em: 15/01/2024

como sustentabilidade e saúde alimentar. A Beyond Meat desafiou a noção tradicional de "carne", mostrando que a inovação pode ocorrer em qualquer setor, transformando não apenas produtos, mas também percepções e hábitos de consumo.

Igualmente interessante é o fato de muitas inovações surgirem em momentos de crise. Durante a Segunda Guerra Mundial, a necessidade urgente de avanços tecnológicos impulsionou o desenvolvimento de foguetes. Wernher von Braun, um dos mais importantes engenheiros da história, começou a trabalhar nos foguetes V-2 para a Alemanha nazista e depois foi fundamental no desenvolvimento do programa espacial dos Estados Unidos. Este exemplo ilustra como períodos de tensão e necessidade podem acelerar a inovação, levando a avanços significativos em um curto período.

Embora a inovação não seja literalmente "*rocket science*", ela compartilha muitas das características que tornam a ciência aeroespacial fascinante e desafiadora. Em ambos os casos, trata-se de explorar o desconhecido, assumir riscos, aprender com os erros e, acima de tudo, manter um espírito sonhador e questionador.

A inovação é uma jornada repleta de descobertas e realizações. Ela pode começar com uma ideia simples, mas tem o potencial de alcançar estrelas inexploradas, transformando a forma como vivemos e fazemos negócios. Este potencial ilimitado é o que a torna tão empolgante e essencial em todas as áreas.

Um dos exemplos recentes mais notáveis de inovação é a ascensão da computação em nuvem. Empresas como Amazon, com seu serviço AWS, transformaram completamente o setor de tecnologia. O que começou como uma maneira de otimizar a infraestrutura interna da Amazon, evoluiu para um modelo de negócios totalmente novo, oferecendo serviços de computação em nuvem para empresas em todo o mundo. Essa inovação não apenas mudou a maneira como as empresas armazenam e acessam dados, mas também democratizou o acesso à tecnologia de ponta, permitindo que startups e pequenas empresas utilizem recursos antes disponíveis apenas para grandes corporações.

Outro exemplo marcante de inovação pode ser visto na indústria automobilística com a Tesla. Sob a liderança de Elon Musk, esta empresa não apenas introduziu carros elétricos no mercado de massa como também revolucionou a indústria automotiva com tecnologias de bateria, sistemas de condução autônoma e uma nova abordagem para a venda de carros. A Tesla desafiou e mudou a percepção global sobre veículos elétricos, provando que eles podem ser uma alternativa aos carros movidos a combustíveis fósseis. Além disso, a empresa não se limitou apenas aos veículos elétricos e expandiu seu alcance para todo o ecossistema de energia. Ela oferece, além de carros, carregadores e painéis solares, destacando-se como uma companhia que busca transformar não apenas a indústria automotiva, mas também a forma como utilizamos e geramos energia.

A inovação também é evidente no setor de saúde, particularmente no desenvolvimento de vacinas para a Covid-19. Em tempo recorde, empresas como Pfizer e Moderna utilizaram a tecnologia de mRNA para desenvolver vacinas eficazes contra um vírus devastador. Este avanço ajudou a controlar a pandemia, bem como abriu novos caminhos para o tratamento de outras doenças, mostrando como o pensamento inovador pode ter um impacto imenso na saúde pública e na medicina.

Além desses exemplos, a inovação está presente no dia a dia de maneiras menos óbvias, mas igualmente impactantes. Desde aplicativos de smartphones que simplificam tarefas cotidianas até avanços em materiais sustentáveis para construção civil. A inovação permeia todos os aspectos da vida moderna.

Esse não é um processo linear nem previsível. Inovar envolve um ciclo de tentativa e erro no qual o fracasso é tão importante quanto o sucesso. Essa natureza interativa é o que permite a evolução constante de ideias e soluções.

A colaboração desempenha um papel crucial. A troca de ideias entre diferentes campos e culturas frequentemente leva a *insights* e avanços inesperados. A inovação prospera em ambientes em que a diversidade de pensamento é valorizada e incentivada.

Em um mundo em constante mudança, a capacidade de inovar torna-se cada vez mais vital. Ela é a chave para enfrentar desafios globais, como as mudanças climáticas, e para aproveitar as oportunidades emergentes na economia digital e além.

Por fim, inovar não se resume a criar algo. Trata-se de reimaginar o existente, melhorar o que já temos e, acima de tudo, ter vontade de fazer a diferença no mundo. A inovação, em sua essência, não se trata de uma ciência avançada, mas tem a ver com a paixão e o comprometimento em construir um futuro melhor para todos.

Desmistificando a inovação

No mundo multifacetado da inovação, a jornada para desvendar e compreender seu verdadeiro significado geralmente está repleta de mitos e equívocos. Neste capítulo, propomos um mergulho profundo para desmistificar essas concepções errôneas e mostrar que inovar é uma força acessível e universal, disponível a todos, independentemente de formação, idade ou setor de atuação.

Contrariando o mito comum, a inovação não é um território exclusivo dos gênios da tecnologia. Essa ideia amplamente difundida limita nossa compreensão deste conceito, confinando-o às fronteiras da tecnologia. Na realidade, a inovação é um fenômeno que transcende as disciplinas, manifestando-se em todos os campos, desde as artes até os negócios. Sua verdadeira essência reside na habilidade de abordar e resolver problemas de maneiras únicas e criativas, uma competência que não é restrita a um grupo de indivíduos, mas que pode ser desenvolvida e aprimorada por qualquer pessoa.

Além disso, muitos acreditam que apenas grandes descobertas científicas podem ser vistas como atos inovadores, mas essa é uma visão limitada. A inovação muitas vezes emerge de melhorias incrementais, de ajustes sutis que, no final, podem ter um impacto significativo. Ela se infiltra em todos os aspectos da vida cotidiana, muitas vezes de maneiras não reconhecidas, mas essenciais.

Outra noção equivocada é considerar inovador apenas o que é totalmente novo. Na verdade, muitas das inovações mais impactantes são resultado da combinação criativa de conceitos já existentes. A capacidade de reconhecer padrões e conectar ideias aparentemente desconexas é uma habilidade-chave para navegar na jornada inovadora.

Esta também não é uma exclusividade de grandes empresas com recursos abundantes. A inovação floresce em organizações de todos os tamanhos, desde startups até ONGs. Em muitos casos, a agilidade e a capacidade de adaptação de pequenas empresas superam a escala e os recursos de grandes corporações no que diz respeito à inovação.

Ao abordar o processo inovador é fundamental entender que ele não é linear nem previsível. Trata-se de uma jornada repleta de reviravoltas, experimentações, falhas e aprendizados. Aceitar essa natureza imprevisível e muitas vezes caótica é essencial para superar desafios e avançar na trilha da descoberta e do desenvolvimento.

Cada indivíduo trilha um caminho único no mundo da inovação. Desenvolver a curiosidade, a resiliência e a capacidade de questionar o *status quo* são habilidades fundamentais que podem ser cultivadas por qualquer pessoa. Longe de ser um dom exclusivo de alguns, inovar é uma competência alcançável e aprimorável.

A inovação se beneficia imensamente da diversidade. As ideias que emanam de diferentes culturas, faixas etárias e experiências enriquecem o processo inovador, trazendo novas perspectivas e soluções. Esse caldeirão de diversidade é o que alimenta a chama da inovação, tornando-a mais robusta e eficaz.

No campo educacional, pensar diferente é um pilar que deve ser estimulado e nutrido. Sistemas educacionais que fomentam o pensamento crítico, a criatividade e a capacidade de resolver problemas desempenham um papel vital em formar as mentes inovadoras do futuro. Educar para a inovação significa encorajar a curiosidade, a experimentação e a coragem de falhar e aprender desde os primeiros anos de vida.

A sustentabilidade é outra área crítica em que a inovação desempenha um papel central. No cenário atual, em que enfrentamos desafios ambientais sem precedentes, soluções inovadoras em áreas como energia renovável, agricultura sustentável e gestão eficiente de recursos são vitais. As transformações geradas pelo pensamento criativo nesses campos não apenas promovem um futuro mais sustentável, mas também reparam ou revertem problemas que nós mesmos criamos.

Embora a tecnologia seja uma ferramenta poderosa para promovê-la, é essencial reconhecer que o verdadeiro motor da inovação é a criatividade e a visão humana. A tecnologia amplia o alcance e as possibilidades da inovação, mas são as ideias, a paixão e a determinação humanas que realmente impulsionam o processo.

A colaboração é outro elemento-chave. A união de diferentes setores, disciplinas e culturas acelera o processo inovador, gerando *insights* e avanços que seriam impossíveis em silos isolados. Parcerias entre a indústria, a academia e o governo podem levar a avanços significativos, combinando recursos, conhecimentos e visões. Um exemplo claro disso é a aplicação de diferentes tecnologias em diversos setores. Como drones, que foram inicialmente desenvolvidos para fins militares e têm sido adaptados para diversas finalidades civis, como produção audiovisual. Eles também são utilizados para monitorar áreas desmatadas, permitindo um mapeamento detalhado e rápido da extensão dos danos e auxiliando no planejamento de ações de recuperação. Além disso, em muitos países, drones são empregados na vigilância de aeroportos, sendo uma ferramenta eficiente para a identificação de potenciais ameaças à segurança aérea.

Para que projetos inovadores se concretizem, porém, é essencial que haja fontes de financiamento para respaldá-los, sejam elas públicas ou privadas, como capital de risco e subsídios governamentais. Esses investimentos não apenas possibilitam a realização de ideias inovadoras, mas também incentivam o espírito empreendedor e a experimentação.

A cultura organizacional de uma empresa tem um grande impacto em sua capacidade de inovar. Organizações que valorizam a inovação criam ambientes em que a tomada de riscos, a experimentação e o aprendizado contínuo são incentivados. Essa cultura é o que diferencia empresas verdadeiramente inovadoras das demais.

A proteção das inovações através da propriedade intelectual é outro aspecto importante. A existência de uma legislação que assegure os direitos sobre as criações não apenas incentiva mais inovação, mas também garante que os inovadores sejam reconhecidos e recompensados por seus esforços. Esse reconhecimento e recompensa são fundamentais para manter o ciclo da inovação ativo e saudável.

Já no âmbito social, o pensamento inovador tem um papel crucial na resolução de questões complexas. Inovações em áreas como saúde, educação e habitação podem ter um impacto significativo na qualidade de vida das pessoas, abordando problemas sociais de longa data de maneiras novas e eficazes.

Apesar dos muitos benefícios, a inovação enfrenta desafios e obstáculos. A resistência à mudança, a falta de compreensão e as barreiras regulatórias são apenas alguns dos problemas que podem impedir o progresso inovador. Superar essas adversidades requer uma combinação de persistência, criatividade e, às vezes, uma redefinição das regras do jogo.

A inovação está remodelando o futuro do trabalho. Novas tecnologias e abordagens estão transformando carreiras e criando oportunidades profissionais. Essa evolução do trabalho exige uma força laboral adaptável e uma mentalidade voltada para a aprendizagem contínua.

Também no setor da saúde, a inovação tem demonstrado seu potencial transformador. Avanços em diagnósticos, tratamentos e tecnologias de saúde digital estão melhorando o atendimento ao paciente e abrindo novos caminhos para o tratamento de doenças. Por exemplo, o processo de diagnóstico baseado em dados permite uma análise mais precisa e personalizada do quadro clínico, auxiliando os profissionais de saúde a definirem o tratamento mais eficaz para cada caso. Além disso, tratamentos inovadores, como terapias genéticas e imunoterapias, estão revolucionando a forma como lidamos com doenças complexas, permitindo que pacientes com condições consideradas incuráveis tenham esperança. As tecnologias de saúde digital também têm contribuído para uma revolução na medicina, ao possibilitar que procedimentos avançados como microcirurgias sejam realizados à distância com o auxílio de robôs, o que garante uma precisão e controle sem precedentes durante as intervenções cirúrgicas.

A globalização permite que a inovação atinja uma escala jamais vista, conectando ideias, pessoas e mercados em todo o mundo. Essa interconexão global acelera a disseminação de inovações e amplia seu impacto.

Concluindo, desmistificar a inovação é abrir as portas para uma abordagem mais inclusiva e inspiradora do processo. Compreendendo que a inovação é uma força dinâmica e acessível a todos, incentivamos uma maior participação no processo inovador, contribuindo para a constante evolução do mundo ao nosso redor. A inovação, portanto, vai além de ser uma mera ferramenta ou conceito; ela é um caminho para a transformação e um convite à participação ativa na moldagem de um futuro melhor para todos.

A importância de compreender o termo no contexto empresarial

Compreender o conceito da inovação claramente é fundamental para que empresas e equipes possam se alinhar em torno de um objetivo comum. Isso evita confusões e assegura que todos os envolvidos busquem alcançar as mesmas metas, sem dispersões e desvios de rota.

Além disso, a inovação é uma parte vital da estratégia de crescimento para muitas empresas. Entendê-la permite que organizações desenvolvam estratégias mais eficazes para a criação e implementação de inovações bem-sucedidas.

Ademais, quando se tem uma definição clara do que é inovador, torna-se mais fácil avaliar se uma ideia ou um projeto é de fato capaz de gerar transformação ou se trata apenas de um modismo passageiro. Isso economiza recursos valiosos e tempo.

A compreensão da inovação também atua como fonte de inspiração, motivando equipes e indivíduos a buscarem constantemente melhorias e soluções criativas para desafios. Assim, ela se torna uma mentalidade que permeia toda a cultura organizacional.

É fundamental destacar que a inovação não se restringe a setores específicos. No entanto, entender este conceito vai além de uma mera questão de definição. Envolve adotar uma mentalidade e uma cultura organizacional que valorizem e priorizem iniciativas inovadoras. Isso significa estar aberto a novas ideias, ser flexível para se adaptar às mudanças e estar disposto a assumir riscos calculados em busca de melhorias e soluções transformadoras.

Adotar uma mentalidade inovadora molda a forma como a empresa opera, tornando-a competitiva e mais propensa a ser bem-sucedida. Em um mundo em que a mudança é a única constante, a capacidade de inovar torna-se um diferencial decisivo. As empresas que conseguem inovar de forma eficaz são aquelas que não apenas sobrevivem, mas prosperam, adaptando-se e crescendo mesmo em face da incerteza e da volatilidade do mercado.

A cultura inovadora começa dentro ("In")

Como já falamos, a palavra "inovação" provém do latim "*innovare*" e sugere uma renovação a partir do interior, evocando a ideia de que a inovação é um processo de transformação profunda e interna. Curiosamente, "*innovare*" é composto pelo prefixo "*in*", cujo significado em geral se aproxima de "dentro" ou "em", e "*novare*", que vem de "*novus*", "novo". Assim, a etimologia da palavra "inovação" literalmente sugere uma "renovação de dentro" ou "fazer algo novo a partir de dentro".

Essa compreensão nos leva a perceber que a inovação, assim como uma lagarta que se transforma em borboleta, representa uma mudança substancial que começa no núcleo de um indivíduo ou organização e se expande para fora, alterando significativamente a sua maneira de operar e interagir com o mundo.

A trajetória da Apple é um exemplo emblemático dessa transformação interna que impulsiona a inovação. Antes de se consolidar como líder no mercado de smartphones, a Apple já havia internalizado a noção de que a tecnologia deveria ser uma extensão intuitiva do usuário. Essa visão revolucionária teve suas raízes dentro da própria empresa, impulsionada por uma cultura corporativa que valorizava a simplicidade, a elegância e a funcionalidade.

A inovação proporcionada pela Apple não se restringiu à criação de novos produtos; ela revolucionou a forma como as pessoas interagem com a tecnologia. Essa transformação, iniciada com a visão de Steve Jobs, levou ao desenvolvimento de dispositivos que não apenas atendiam às necessidades dos usuários, mas que também se tornaram uma parte de suas vidas.

Os produtos da Apple, como o iPhone, são mais do que meros dispositivos, pois foram criados com base em uma abordagem tecnológica que valoriza a experiência do usuário acima de tudo e com um design que reflete uma filosofia. Este exemplo destaca como a inovação pode ser uma metamorfose que transcende o produto ou serviço, impactando profundamente a forma como as pessoas vivem, trabalham e se relacionam com a tecnologia e o mundo.

Um exemplo recente dessa abordagem é o lançamento do Apple Vision Pro, que se tornou um tópico em alta no mercado desde sua apresentação na WWDC 2023.[7] Anunciado pela Apple como "o produto mais ambicioso que já criamos", esses óculos de realidade mista combinam Realidade Virtual e Realidade Aumentada. Eles oferecem uma experiência imersiva ao usuário, seja para entretenimento, trabalho ou estudo. Diferente de outros concorrentes do mercado, como o Meta Quest Pro, o modelo é controlado inteiramente pela voz, pelo movimento dos olhos e das mãos do usuário, dispensando o uso de controles físicos. O Apple Vision Pro exemplifica como a inovação não se limita a dispositivos individuais, mas redefine a interação humana com a tecnologia, estabelecendo como será o futuro da experiência do usuário.

Essa transformação interna é fundamental para o sucesso da inovação. Ela começa com uma mudança na mentalidade e na visão de mundo, que posteriormente se manifesta em produtos, serviços e estratégias de negócios. Uma cultura inovadora que começa internamente incentiva a experimentação, a criatividade e a disposição para desafiar as normas existentes.

Outro exemplo notável de inovação interna é a transformação da Amazon de uma livraria on-line para um gigante

---

[7] G1 — Tecnologia. Disponível em: https://g1.globo.com/tecnologia/noticia/2023/06/05/apple-lanca-novos-produtos.ghtml. Acesso em: 18/02/2024.

do e-commerce e da computação em nuvem. A empresa conseguiu isso ao cultivar uma cultura de "pensar grande" e aceitar o fracasso como parte do processo. A ideia de que "é sempre Dia 1" na Amazon reflete uma abordagem de constante renovação e disposição para experimentar, mesmo que isso signifique desafiar as práticas comerciais estabelecidas.

Além disso, empresas como o Google demonstram como uma cultura inovadora promove a liberdade criativa e a colaboração. O Google encoraja seus funcionários a dedicarem parte do tempo deles a projetos paralelos, o que tem levado ao desenvolvimento de novos produtos e serviços que se tornaram essenciais para muitos usuários em todo o mundo.

Esses exemplos ilustram como a inovação se trata não só de ter as ideias certas, mas também de criar um ambiente no qual essas ideias possam florescer. Trata-se de uma cultura que incentiva a curiosidade, apoia a disposição de se arriscar e promove uma visão de longo prazo, mesmo que isso signifique desviar-se dos caminhos tradicionais.

Em suma, a cultura inovadora começa com uma mudança interna, uma metamorfose que transforma a maneira como uma organização ou indivíduo pensa e age. Esse processo interno é o que alimenta a capacidade de inovar de forma eficaz e impactante, transformando não apenas produtos e serviços, mas também a forma como vivemos e interagimos com o mundo. A inovação, portanto, é mais do que um resultado; é um processo contínuo de renovação e reinvenção que começa de dentro para fora.

A necessidade de repensar problemas antigos de novas maneiras

Revisitar problemas antigos com novas lentes é mais do que uma estratégia, é um convite à revolução no pensamento. Em um mundo permeado por desafios persistentes, muitas vezes olhamos para soluções tradicionais, presos a paradigmas estabelecidos. Contudo, é no ato de questionar e reformular esses problemas que a verdadeira inovação encontra solo fértil.

A história da inovação é pontuada por momentos em que problemas aparentemente sem solução foram redefinidos e transformados em oportunidades. Além de revitalizar a busca por respostas, essa abordagem abre um leque de possibilidades até então ignoradas ou subestimadas. Quando reconsideramos problemas conhecidos sob uma nova luz, questionando suposições arraigadas e explorando novos caminhos, abrimos as portas para a verdadeira inovação.

Um exemplo clássico é a roda. Um dos primeiros instrumentos inventados pela humanidade, ela primeiro foi usada para a fabricação de cerâmica; quando foi empregada nos meios me transporte, tornou-se pivô de uma transformação revolucionária. A ideia de transformar um conceito antigo em uma solução para um problema novo (neste caso, o transporte), demonstra a potência da reimaginação.

Também encontramos casos notáveis de ressignificação de problemas na medicina. A descoberta de antibióticos, como a penicilina, foi uma resposta a um desafio crítico: combater infecções bacterianas. Ao redirecionar o foco e abordar o problema sob uma nova perspectiva, Alexander Fleming deu início a uma revolução médica que salva milhões de vidas até hoje.

Essa capacidade de reformulação é o cerne da inovação. Ao questionar o *status quo*, podemos descobrir soluções surpreendentes e, muitas vezes, simples. A reformulação do problema é uma ferramenta poderosa nas mãos de inovadores, permitindo-lhes transcender as barreiras convencionais.

Ao abraçar a ideia de que os desafios de ontem podem ser as oportunidades de amanhã, preparamos o terreno para uma inovação verdadeiramente revolucionária. Temos como um belo exemplo a jornada de James Dyson.

Nos anos 1980, quando os aspiradores de pó já não eram mais novidade, Dyson, um inventor e designer industrial inglês, ousou desafiar as convenções. Com uma mentalidade crítica e inovadora, ele enxergou o aspirador de pó não como um simples utensílio doméstico, mas como um campo fértil de possibilidades inexploradas. Ele deu início a uma odisseia em busca da excelência, e o Dual Cyclone, um aspirador sem repositório patenteado em 1986, tornou-se a personificação de sua visão.

A jornada de Dyson foi uma epopeia pela criatividade e pela execução meticulosa. Indo além de apenas criar um aspirador de pó aprimorado, ele redefiniu o que este utensílio doméstico poderia ser. Na busca incessante pela perfeição, ele construiu mais de cinco mil protótipos. Cada iteração era um mergulho mais profundo na complexidade, uma resposta a uma pergunta crucial: como podemos deixá-lo ainda melhor?

A verdadeira inovação de Dyson não está apenas na ideia brilhante, mas também na execução incansável. Empenhando-se com uma resiliência implacável, ele não se contentou com soluções medíocres. Definiu metas claras, planejou cada movimento com maestria e monitorou resultados, transformando sua visão em realidade. Seu mantra era simples, mas profundo: "Eu só quero que as coisas funcionem corretamente." E funcionaram de maneira espetacular.

O sucesso de Dyson superou as boas vendas do produto. Em alguns países, seu nome tornou-se sinônimo de um tipo específico de aspirador de pó — um testemunho do impacto de sua inovação. Mais do que criar um produto melhor, Dyson ensinou a importância de aprender com os erros. Ele encarou cada obstáculo como uma oportunidade de crescimento, um convite para aprimorar sua visão.

Dyson é uma encarnação da sabedoria de Thomas Edison: "O sucesso é 1% inspiração e 99% transpiração." Sua história não é apenas sobre aspiradores de pó; é um épico sobre resiliência, aprendizado constante e a busca persistente pela excelência. Em um mundo no qual a execução muitas vezes fica à sombra da ideia, Dyson nos lembra da importância de fazer melhor a cada dia, de transformar erros em degraus para o sucesso. Além de revolucionar o mercado de aspiradores de pó, ele também aplicou a tecnologia de ciclone em uma variedade de outros produtos, como secadores de cabelo e secadores de mão para banheiros. Essa abordagem inovadora e expansiva mostra como a visão de Dyson vai além de um único produto, impactando diversas áreas da vida cotidiana com soluções eficazes e inteligentes.

A inovação não é necessariamente disruptiva

A inovação criadora de mercado muitas vezes é associada à ideia de disrupção, um conceito que permeou os negócios nas últimas duas décadas, proclamando a necessidade de desorganizar indústrias a fim de inovar. No entanto, é imperativo compreender que há uma diversidade de formas e escalas de inovação, e nem sempre é necessário um terremoto para criar impacto. A inovação evolutiva, por exemplo, concentra-se em melhorias graduais e contínuas em produtos, processos ou serviços existentes, demonstrando que iniciativas transformadoras podem se manifestar em diferentes nuances.

Em meio a essa diversidade, emerge a intrigante noção de criação não disruptiva. Ao contrário da crença comum de que inovação deve gerar caos, o exemplo da Cunard, empresa de transporte marítimo britânica, revela que a criação não disruptiva ser também uma alternativa no mundo dos negócios.

Em uma época dourada para viagens internacionais, lá pelo século XIX, uma estrela brilhou mais forte: a Cunard, uma empresa que navegou mares e transportou uma legião de imigrantes da Europa para os Estados Unidos na virada do século XX. Depois da Segunda Guerra Mundial, a companhia surgiu como uma gigante do Atlântico, operando uma frota de 12 navios para os Estados Unidos e Canadá, firmando-se como a rainha das viagens na primeira década do pós-guerra.

Mas, como todas as boas histórias, essa teve um ponto final com os voos a jato comerciais. Em 1957, um milhão de corajosos cruzaram o Atlântico de barco; entretanto, com os aviões reinando, esse número despencou para 650 mil em 1965. Os transatlânticos simplesmente não conseguiam competir com a velocidade e a praticidade dos aviões.

Enquanto outras companhias oceânicas afundavam diante desse desafio, a Cunard, cheia de audácia, se reinventou com as "férias de luxo no mar," inaugurando a era dos cruzeiros. Os navios, que antes eram apenas meios de transporte, se tornaram palcos de diversão e entretenimento. Uma cortesia da Cunard.

Hoje, como parte da Carnival Corporation, a Cunard é uma veterana de sessenta anos na indústria de cruzeiros, gerando uma receita incrível de cerca de US$ 30 bilhões por ano e mais de um milhão de empregos. A criação dessa indústria não foi só uma inovação qualquer. Longe de ser disruptivo, o turismo de cruzeiros não veio para invadir, destruir ou bagunçar mercados já existentes. Foi uma criação tranquila, que gerou novas possibilidades para as viagens internacionais. Dessa forma, os navios da Cunard navegaram em águas antes inexploradas, e ainda navegam, trazendo um mar de oportunidades e diversão para todos nós.

Enquanto a disrupção em geral se associa à destruição ou ao deslocamento, a criação não disruptiva transcende essa relação, apresentando um vasto potencial para estabelecer mercados sem necessariamente destruir empresas ou empregos existentes.

Nota-se que a inovação não disruptiva oferece um caminho alternativo para a inovação criadora de mercado, destacando seu impacto no crescimento econômico, na geração de empregos e na promoção do desenvolvimento social. Um dos exemplos emblemáticos que evidenciam essa abordagem é o microfinanciamento, uma inovação que proporcionou serviços financeiros a pessoas antes consideradas inadequadas para contraírem empréstimos. Muhammad Yunus, fundador do Grameen Bank, demonstra como a criação não disruptiva pode gerar novos microempresários, empregos e padrões de vida mais elevados sem a necessidade de deslocamento.

Outro exemplo instigante de inovação não disruptiva é o programa de televisão *Vila Sésamo*, que revolucionou a educação ao utilizar a televisão como ferramenta educacional para crianças em idade pré-escolar e deu origem a uma indústria multibilionária sem substituir métodos tradicionais de ensino. O programa introduziu uma abordagem inovadora ao incorporar personagens adoráveis, músicas cativantes e histórias envolventes, tornando-se uma experiência educativa imersiva que estimulou o aprendizado de maneira única. Essa abordagem não disruptiva rompeu com o paradigma tradicional de ensino e abriu novos caminhos para a educação infantil.

Além disso, ao estabelecer parcerias com empresas para a criação de produtos licenciados, como brinquedos, livros e roupas, *Vila Sésamo* expandiu seu impacto para além da televisão, transformando-se em uma marca reconhecida globalmente. Portanto, o programa serve como um exemplo vívido de como a inovação não disruptiva pode originar novas indústrias e transformar o aprendizado.

Esses exemplos, apesar de suas diferenças, compartilham a característica fundamental de serem casos de criação não disruptiva. Eles ilustram que essa forma de inovação pode ocorrer tanto com tecnologia nova quanto com tecnologia existente, sendo aplicável em diversas áreas geográficas e níveis socioeconômicos. A criação não disruptiva pode ser uma inovação inédita ou uma adaptação de tecnologia existente, fornecendo uma visão abrangente das possibilidades.

É essencial ressaltar que a criação não disruptiva não é sinônimo de invenção científica, inovação tecnológica ou novos produtos para o mundo. Ela vai além desses conceitos, concentrando-se na criação de novos mercados além dos limites das indústrias existentes. Essa abordagem inovadora não se preocupa em desorganizar, mas sim em estabelecer novos caminhos para o crescimento econômico, geração de emprego e desenvolvimento social.

Aprofundando a compreensão da inovação, é fundamental reconhecer que, embora a inovação disruptiva seja poderosa, as inovações incrementais são vitais para o progresso sustentável. A Toyota, com sua filosofia "Kaizen" de melhoria contínua, oferece um exemplo notável de como pequenas iniciativas inovadoras consistentes podem conduzir ao domínio de mercado.

Se pensarmos na inovação como um rio, as cataratas podem ser espetaculares, mas é o fluxo constante que, ao longo do tempo, esculpe paisagens e redefine a trajetória.

Portanto, vemos que a criação não disruptiva consiste em uma faceta valiosa e muitas vezes subestimada da inovação criadora de mercado. Ela nos dá provas incontestáveis de que a inovação não precisa ser sinônimo de caos e que a criação não disruptiva pode proporcionar resultados tão impactantes quanto a disrupção, mas de uma maneira capaz de promover coexistência e o crescimento harmônico.

CAPÍTULO 04

A realidade por trás dos tipos de inovação: evitando o "blá-blá-blá teórico" e focando no resultado

A busca pela inovação é inerente à evolução humana, mas, muitas vezes, o discurso sobre tipos de inovação pode soar como um "blá-blá-blá teórico" desconectado da aplicação prática. No entanto, é fundamental mergulharmos na realidade por trás desses conceitos, nos livrando de jargões vazios para nos concentrar nos resultados tangíveis que a verdadeira inovação pode proporcionar. Comecemos pela inovação incremental.

A trajetória da inovação incremental é muitas vezes ofuscada pelo glamour da inovação radical, mas é extremamente importante reconhecer que nas pequenas melhorias reside um poder transformador subestimado. Longe de ser uma abordagem modesta, a inovação incremental é a força silenciosa que impulsiona mudanças notáveis.

Joseph Schumpeter, renomado economista austríaco, delineou essa forma de inovação com a inovação radical.

Em seu livro *Business Cycles: A Theoretical, Historical, and Statistical Analysis of the Capitalist Process* [Ciclos econômicos: uma análise teórica, histórica e estatística do processo capitalista], de 1939, Schumpeter esclareceu que a inovação incremental representa um progresso sobre algo já existente, destacando a introdução de tecnologias que aprimoram produtos, processos ou serviços sem redesenhar completamente o cenário.

As vantagens da inovação incremental são vastas, focalizando melhorias na eficiência, na produtividade, na competitividade e, acima de tudo, na mitigação de riscos. Empresas adotam estratégias incrementais para aprimorar continuamente seus produtos e manter uma posição de destaque no mercado.

Há inúmeros exemplos do impacto dessa abordagem em nosso cotidiano. O Gmail, um dos serviços mais utilizados no mundo, evoluiu constantemente desde seus primórdios. O que começou como um meio eficiente de entrega de e-mails, tornou-se uma plataforma robusta, incorporando recursos inovadores que aprimoram a experiência do usuário.

A Coca-Cola, uma gigante na indústria de bebidas, também abraçou a inovação incremental para manter sua relevância ao longo dos anos. Ao introduzir sabores como limão, cereja e até a linha Coca-Cola Life, a empresa expandiu sua oferta sem perder a essência do produto original.

Embora a inovação incremental seja percebida como mais acessível, menos arriscada e complexa do que sua contraparte radical, a dualidade dessas estratégias é uma prática comum. Empresas frequentemente combinam inovações radicais para introduzir novidades no mercado, enquanto aprimoram seus produtos existentes por meio de melhorias graduais.

Dessa forma, a inovação incremental não é apenas uma abordagem de aprimoramento contínuo, mas sim uma ferramenta estratégica para manter a vitalidade e a competitividade no cenário empresarial em constante evolução. Ao reconhecer o valor das pequenas melhorias, podemos desvendar o potencial transformador que reside nos detalhes muitas vezes negligenciados.

A inovação radical, por sua vez, trata-se de um fenômeno que vai além de simples eventos isolados. É um processo intrincado que engloba mudanças significativas e drásticas. Em sua essência, ela busca a redefinição de paradigmas, seguindo a premissa da "estratégia do oceano azul", como proposto por W. Cha Kim e Reneé Mauborgne.

A estratégia do oceano azul representa uma mudança de mentalidade no crescimento dos negócios no qual a empresa não compete apenas por uma fatia de mercado já existente, mas explora novos territórios. Este movimento exige investimentos substanciais de tempo e recursos, pois o oceano azul representa um mercado inexplorado, enquanto o "mar vermelho" simboliza mercados saturados, repletos de competidores agressivos.

As vantagens da inovação radical são abundantes, gerando transformações que vão desde a exploração de novas perspectivas em produtos ou serviços até mudanças significativas no cenário através de lançamentos inovadores. Além disso, ela capacita as empresas a atingirem novos públicos-alvo e a se reposicionarem de forma eficaz no mercado.

Distinguir a inovação incremental da radical é imprescindível, com a primeira focando em mudanças mais simples e contidas para manter a competitividade no curto prazo, enquanto a última visa ao impacto no longo prazo, podendo envolver deslocamento de produtos existentes e a criação de categorias totalmente novas.

A exemplificação dessa distinção é evidenciada pelo sucesso da norte-americana Salesforce. Lançada em 1999, a empresa adotou uma abordagem verdadeiramente inovadora ao apresentar um modelo de negócios baseado em software como serviço, aliado a uma nova plataforma de computação em nuvem. Essa combinação singular não apenas destacou a Salesforce como líder de mercado, mas também a manteve na vanguarda da inovação, sendo reconhecida pela *Forbes* como uma das empresas mais inovadoras do mundo por quatro anos consecutivos.

Por fim, temos a inovação disruptiva, já mencionada nas páginas anteriores. Foi introduzida por Clayton Christensen como uma teoria que revolucionou o panorama empresarial. Este conceito se tornou uma ferramenta poderosa para prever o sucesso das empresas, bem como catalisou uma transformação profunda nos círculos de negócios em todo o mundo.

A inovação disruptiva vai além de uma mudança tecnológica; é um processo dinâmico em que uma tecnologia, produto ou serviço é transformado ou substituído por uma solução inovadora que se destaca pela acessibilidade, simplicidade ou conveniência para os consumidores. Seu impacto transcende os limites convencionais, provocando uma mudança radical no comportamento do mercado consumidor, fazendo com que soluções anteriormente dominantes se tornem obsoletas e até desapareçam.

Ao contrário da percepção comum, a inovação disruptiva não se resume a criar produtos e serviços *mais caros*. Pelo contrário, ela visa oferecer soluções mais acessíveis, atendendo a um público muitas vezes negligenciado pelas empresas tradicionais. Nesse cenário, empresas pequenas e inovadoras, como startups, podem desafiar gigantes da indústria, conquistando nichos de mercado com abordagens mais simples e econômicas.

As vantagens da inovação disruptiva são consideráveis, representando uma medida extrema e arriscada, mas que pode gerar uma transfiguração completa nos negócios. Isso se reflete em um alto índice de ganhos e lucros, na criação de novos produtos ou serviços e na possibilidade de se tornar líder em um segmento específico.

A aplicação prática da inovação disruptiva muitas vezes ocorre quando empresas grandes, focadas em inovação sustentável e em atrair clientes de alto poder aquisitivo, negligenciam as necessidades dos clientes regulares em busca de soluções simples e de baixo custo. Nesse cenário, surgem negócios disruptivos, oferecendo alternativas mais acessíveis e eficazes, enquanto as grandes empresas continuam a adicionar complexidades desnecessárias a seus produtos e serviços.

O exemplo paradigmático de inovação disruptiva é o Spotify, que desafiou o mercado de CDs ao oferecer um modelo de SaaS (Software as a Service). Enquanto os CDs eram caros e continham um número bem reduzido de músicas, o Spotify proporcionou uma solução mais acessível, flexível e conveniente, praticamente extinguindo o mercado de CDs.

Essa abordagem inovadora foca no baixo custo ou na criação de novos mercados. Enquanto as empresas estabelecidas buscam constantemente aprimorar produtos e serviços para clientes mais lucrativos, os disruptores captam a atenção de pessoas menos exigentes e mais negligenciadas, transformando-as em consumidoras.

A inovação disruptiva não só impacta setores específicos, mas também apresenta o potencial de ser uma força positiva em todos os setores e áreas da sociedade. Exemplos históricos incluem computadores pessoais, micro-ondas, fotografia digital, tecnologia de armazenamento em nuvem e serviços de streaming.

O termo "disrupção" não se refere a um ponto fixo, mas sim à evolução contínua de um produto ou serviço ao longo do tempo. Muitas inovações disruptivas começam como experimentos de pequena escala, com os disruptores concentrando-se não apenas no produto, mas no desenvolvimento de um modelo de negócios eficaz.

O exemplo da Netflix ilustra como a evolução de um modelo de negócios pode desestabilizar mercados estabelecidos.

No início, a Netflix não era atraente para a maioria dos clientes de locadoras tradicionais, mas, ao evoluir seu modelo de entrega de DVDs pelo correio para um serviço de streaming global, a empresa desbancou a Blockbuster, sua principal concorrente.

Essa abordagem, aliada à inovação incremental e radical, forma um conjunto holístico que impulsiona o progresso e a evolução nos negócios e na sociedade como um todo.

Muitas vezes, nos perdemos em categorizações e definições, esquecendo que, no cerne, a inovação é uma ferramenta para resolver problemas e melhorar vidas. Ao evitar o "blá-blá-blá teórico" e nos concentrar em resultados reais, estamos capacitando a inovação a cumprir seu verdadeiro propósito: impulsionar avanços concretos que impactem positivamente a sociedade.

A chave está em incorporar a inovação como uma mentalidade, não como um conceito abstrato. Ao olharmos para além dos rótulos e nos comprometermos com a resolução pragmática de desafios, damos à inovação o poder de criar um futuro tangível no qual o "blá-blá-blá teórico" é substituído por realizações palpáveis que transformam o mundo. Conceitos e terminologias são fundamentais, mas a ação fala mais alto. O Airbnb não começou com uma estratégia de disrupção do setor hoteleiro, mas sim com a ideia simples de ganhar dinheiro extra alugando colchões infláveis. Analogicamente, em vez de se preocupar com o tipo de árvore a plantar, o foco deve estar em cultivar, nutrir e colher os frutos.

A complexidade do básico no mundo atual

A realidade dinâmica do mundo atual traz uma verdade fundamental: o básico de ontem não é o mesmo de hoje. Esta constante evolução redefine o que consideramos como conhecimentos, habilidades e competências essenciais, impactando todos os aspectos da vida, desde a tecnologia até as práticas empresariais e as interações sociais.

Na era digital em que vivemos, o conceito de simplicidade assumiu novas dimensões, refletindo uma complexidade inerente que desafia as percepções tradicionais. O simples de hoje é tecido por camadas de complexidade que, embora muitas vezes invisíveis ao usuário final, são fundamentais para a funcionalidade, eficiência e experiência do usuário.

A complexidade do simples na tecnologia

Um dos exemplos mais emblemáticos dessa complexidade é o smartphone. O que à primeira vista parece um dispositivo simples e intuitivo é, na verdade, o resultado de décadas de pesquisa e desenvolvimento em campos como semicondutores, telecomunicações e design de interface do usuário. A capacidade de tocar em um ícone e imediatamente se conectar com pessoas do outro lado do mundo, acessar a soma do conhecimento humano ou controlar dispositivos domésticos inteligentes reflete uma complexidade operacional imensa escondida sob uma interface de usuário polida e acessível.

Simplicidade na Internet das Coisas (IoT)

A Internet das Coisas (*Internet of Things,* ou IoT na sigla em inglês) é outro domínio no qual a simplicidade percebida mascara uma complexidade profunda. Dispositivos inteligentes, como termostatos que aprendem as preferências do usuário e ajustam a temperatura de forma autônoma, oferecem uma interface simples. Contudo, por trás dessa facilidade de uso, há algoritmos avançados de aprendizado de máquina, análise de dados em tempo real e extensas redes de comunicação para processar e transmitir informações entre dispositivos.

Inovações em energias renováveis

No campo das energias renováveis, a transição para fontes mais limpas e sustentáveis, como a solar e a eólica, apresenta-se como uma solução aparentemente simples para os problemas ambientais. Entretanto, a implementação eficaz dessas tecnologias envolve complexidades significativas, desde o desenvolvimento de materiais fotovoltaicos mais eficientes até a integração de redes elétricas inteligentes que podem gerenciar com eficácia a energia variável produzida por essas fontes.

Desafios da logística moderna

A logística moderna, evidente sobretudo em serviços de entrega rápida e cadeias de suprimentos globais, é um exemplo de como a simplicidade para o consumidor final — como receber um produto no dia seguinte à compra — é sustentada por sistemas extremamente complexos. Esses sistemas englobam análise preditiva, automação, coordenação global entre centros de distribuição e uma logística de transporte intrincada, todos trabalhando de maneira orquestrada para garantir que os prazos sejam cumpridos.

A simplicidade moderna, portanto, é uma ilusão cuidadosamente construída, apoiada por camadas de complexidade tecnológica e inovação. Essa abordagem não apenas torna produtos e serviços mais acessíveis para o consumidor final, mas também destaca o incrível avanço tecnológico da humanidade. Em última análise, a complexidade do simples de hoje é um testemunho do progresso humano, refletindo nossa capacidade de enfrentar desafios intrincados com soluções inovadoras que parecem, enganosamente, simples.

No ambiente de trabalho, essa transformação também é evidente. As competências que antes bastavam para garantir o sucesso profissional agora são apenas o ponto de partida. Habilidades como adaptabilidade, pensamento crítico e competência em comunicação digital se tornaram indispensáveis. O mundo corporativo de hoje valoriza a agilidade, a inovação e a capacidade de responder rapidamente às mudanças no mercado, o que requer um conjunto de habilidades muito diferente do necessário em décadas passadas.

No campo da educação, a mudança do básico é especialmente marcante. A aprendizagem ao longo da vida tornou-se um imperativo dada a velocidade com que as informações e as habilidades podem se tornar obsoletas. Isso é particularmente verdadeiro em setores que lideram a inovação, como a inteligência artificial e a biotecnologia, nos quais o que era um conhecimento inovador em dado momento pode se tornar básico no futuro próximo.

A sustentabilidade e a consciência ambiental representam outra área na qual o básico está sendo redefinido. Práticas que promovem a sustentabilidade agora são consideradas essenciais tanto para o bem-estar individual quanto para o futuro do planeta. Isso vai desde escolhas pessoais, como reciclagem e uso de energia renovável, até práticas corporativas que enfatizam a responsabilidade ambiental.

Além disso, a saúde e o bem-estar passaram por uma transformação similar. A importância crescente da saúde mental e física trouxe práticas como meditação, atividades físicas e alimentação balanceada tornaram-se pré-requisitos para um estilo de vida saudável.

Esta constante mudança do básico é um reflexo da adaptabilidade e da evolução contínua da sociedade humana. Ela ressalta a necessidade do aprendizado contínuo, de se adaptar e atualizar as habilidades e conhecimentos. Para indivíduos e organizações, essa realidade implica uma busca incessante por crescimento e desenvolvimento, garantindo que permaneçam relevantes e eficazes em um mundo em constante mudança. É um lembrete de que o básico de hoje pode não ser suficiente amanhã, e a única constante é a mudança.

Os cases mais emblemáticos

Apple

Em 2007, o mundo da tecnologia e da comunicação foi transformado com o lançamento do iPhone pela Apple. Este evento significou mais do que o surgimento de um smartphone; ele representou uma mudança de paradigma na maneira como interagimos com a tecnologia. O iPhone redefiniu o conceito de smartphones, introduzindo uma interface de usuário baseada em toque e eliminando a necessidade de um teclado físico, o que tornou a tecnologia mais acessível e abriu caminho para inovações.

Um ano após seu lançamento, a Apple introduziu outro elemento revolucionário: a App Store. Esta plataforma digital permitiu que desenvolvedores de todo o mundo criassem e distribuíssem aplicativos, dando origem a um ecossistema vibrante e diversificado de inovação. A App Store transformou o iPhone, de um simples dispositivo, em uma plataforma abrangente para inovação digital, impactando diversos setores e mudando a forma como vivemos.

Essa transformação exemplifica como algo aparentemente simples, como baixar um aplicativo, envolve um processo extremamente complexo. Essa simplicidade de uso para o usuário final esconde uma cadeia de desenvolvimento, testes, distribuição e atualizações que se desdobra nos bastidores, demonstrando a magnitude do avanço tecnológico por trás de uma ação tão cotidiana.

O impacto da App Store no mercado e na inovação é evidenciado por números impressionantes. Até 2020, a plataforma contava com mais de 1,8 milhão de aplicativos disponíveis e havia registrado mais de 218 bilhões de downloads naquele ano. Além disso, um estudo da Analysis Group realizado em 2021 revelou que a App Store gerou impressionantes US$ 643 bilhões em receitas de vendas e serviços em 2020, um aumento significativo em relação ao ano anterior.

A inovação impulsionada pela App Store estende-se por vários setores. Por exemplo, aplicativos como Duolingo revolucionaram a aprendizagem de idiomas, enquanto o Strava transformou a maneira como as atividades físicas são monitoradas e compartilhadas. Esses são apenas alguns exemplos de como a plataforma tem facilitado inovações que afetam diretamente nosso cotidiano.

Em resumo, o lançamento do iPhone pela Apple e a subsequente introdução da App Store representam um marco na história da tecnologia. Esses desenvolvimentos não apenas mudaram a maneira como interagimos com nossos telefones, mas também como vivemos; são a demonstração do poder de uma empresa de inovar não apenas em produtos, mas em plataformas, gerando um impacto duradouro e significativo em escala global.

Xiaomi

Em apenas uma década, a Xiaomi, que começou como uma startup, transformou-se em um gigante da tecnologia, redefinindo o mercado de telefonia móvel com uma abordagem inovadora. A trajetória da Xiaomi é um estudo de caso fascinante sobre como a inovação não se limita apenas ao desenvolvimento de hardware avançado, mas também engloba uma estratégia orientada para a comunidade, dando importância à opinião dos usuários.

Desde o início, a Xiaomi adotou uma abordagem única para o design e a comercialização de seus produtos. Em vez de seguir o modelo tradicional de vendas e marketing, a empresa concentrou-se em construir uma comunidade leal de usuários. Além de apoiar a marca, essa comunidade desempenha um papel ativo no processo de desenvolvimento de produtos. A Xiaomi incentivou seus usuários a fornecer feedback direto sobre seus produtos, o que permitiu à empresa fazer iterações rápidas e eficientes, melhorando constantemente seus smartphones e outros dispositivos eletrônicos.

Essa abordagem orientada para a comunidade permitiu a Xiaomi compreender as necessidades e desejos de seus clientes, e criar produtos sintonizados com seu público-alvo. Além disso, ao manter um diálogo aberto com sua base de usuários, a empresa desenvolveu um forte senso de lealdade e confiança entre seus consumidores, o que é extremamente valioso em um mercado tão competitivo.

Além de sua estratégia centrada no usuário, a Xiaomi também se destacou pela capacidade de oferecer produtos de alta qualidade a preços competitivos. Ao otimizar a cadeia de suprimentos e adotar um modelo de vendas focado no e-commerce, seus custos se reduziram e seus preços se mantiveram mais baixos para os consumidores.

Em resumo, a ascensão da Xiaomi no mercado global de tecnologia é um testemunho do poder da inovação orientada para a comunidade e da importância de ouvir o que os usuários têm a dizer. A empresa não apenas criou produtos de alta qualidade, mas também cultivou uma comunidade dedicada, demonstrando que o sucesso no setor de tecnologia depende tanto de construir excelentes produtos quanto de estabelecer uma relação forte e positiva com os consumidores.

Project Loon

O Project Loon, uma iniciativa inovadora do Google, surgiu como uma solução criativa para um dos desafios mais significativos da era digital: estender a conectividade de internet a áreas rurais e remotas do mundo. Este projeto, originário do Google X, o laboratório de pesquisa e desenvolvimento da empresa, propõe o uso de balões de alta altitude para fornecer cobertura de internet sem fio em regiões que tradicionalmente têm sido difíceis de acessar.

A ideia do Project Loon é fascinante em sua simplicidade e audácia. Balões estratosféricos, posicionados a cerca de vinte quilômetros acima da superfície terrestre, são equipados com tecnologia avançada de comunicação, incluindo antenas e transceptores. Estes balões são projetados para criar uma rede aérea capaz de transmitir sinal de internet para a superfície e, assim, abrir novas possibilidades para milhões de pessoas em áreas isoladas.

O que torna o Project Loon particularmente inovador não é apenas o uso de balões para fornecer conectividade, mas também a forma como são gerenciados. Eles navegam nas camadas superiores da atmosfera, utilizando padrões de vento para se manterem nas áreas desejadas. Algoritmos avançados e técnicas de aprendizado de máquina ajustam continuamente a posição dos balões, assegurando uma cobertura eficiente e estável.

O impacto potencial do Project Loon é imenso. Em regiões do mundo onde a infraestrutura de internet terrestre é escassa ou inexistente, o Loon oferece a possibilidade de democratizar o acesso à informação, educação e oportunidades de negócios. Além disso, em situações de emergência, como desastres naturais que danificam a infraestrutura de comunicação, os balões do Loon podem ser rapidamente implementados para restabelecer a conectividade.

Apesar do enorme potencial, essa iniciativa enfrenta desafios significativos. Manter balões na estratosfera e garantir uma cobertura de internet consistente em grandes áreas são tarefas complexas. Há também desafios regulatórios, incluindo questões relacionadas ao uso do espaço aéreo e à transmissão de sinal em diferentes jurisdições.

Em conclusão, o Project Loon do Google é um exemplo notável de como a inovação tecnológica pode solucionar problemas sociais importantes. Embora ainda existam obstáculos a serem superados, o projeto destaca o potencial da tecnologia criativa para melhorar a conectividade global e, consequentemente, a qualidade de vida em comunidades ao redor do mundo.

ChatGPT: a inovação para resultados mais rápidos

O ChatGPT, desenvolvido pela OpenAI, é uma inovação notável no campo da inteligência artificial, especificamente na área de processamento de linguagem natural. Baseado na arquitetura GPT (*Generative Pre-trained Transformer*), este modelo de IA é treinado para gerar texto de maneira coerente e contextual, abrindo um leque de possibilidades, desde responder perguntas até criar conteúdo criativo e informativo.

A arquitetura GPT é um modelo de linguagem baseado em transformadores, que são treinados com extensos conjuntos de dados de texto, aprendendo padrões de linguagem, gramática, conhecimento factual e estilos de escrita diversos. O treinamento do ChatGPT envolve técnicas de aprendizado supervisionado no qual o modelo é alimentado com grandes quantidades de texto e aprende a prever a próxima palavra em uma sequência, tornando-se cada vez mais hábil em gerar respostas coerentes e relevantes.

As funcionalidades do ChatGPT são vastas e variadas. Ele pode conduzir conversas em linguagem natural, oferecendo respostas detalhadas e informativas, o que o torna uma ferramenta valiosa para assistentes virtuais, suporte ao cliente e aplicações educacionais. Além disso, a capacidade de gerar texto criativo permite que ele seja utilizado para escrever histórias, poemas e até códigos de programação, adaptando-se a diferentes estilos e necessidades.

Apesar de suas capacidades avançadas, o ChatGPT não está isento de desafios e limitações. Uma das principais preocupações é a precisão e a confiabilidade das informações geradas, já que o modelo depende dos dados com que foi treinado e pode produzir respostas imprecisas ou desatualizadas. Além disso, questões de viés e ética são desafios contínuos, pois o modelo pode refletir e perpetuar preconceitos presentes nos dados de treinamento. A OpenAI está comprometida a mitigar esses problemas, mas eles permanecem como grandes contratempos no campo da IA.

Olhando para o futuro, o ChatGPT representa um avanço significativo na interação entre humanos e máquinas, sugerindo um futuro empolgante para a IA em linguagem natural. Espera-se que a tecnologia continue evoluindo, trazendo melhorias em precisão, contextualização e aplicação ética. O ChatGPT não é apenas uma ferramenta útil no presente, mas também um indicativo do potencial impacto da inteligência artificial em nosso cotidiano no futuro. Veja outros exemplos:

IBM Watson, na medicina — O IBM Watson é um exemplo notável de como a IA pode ser aplicada no campo da medicina. Utilizado por profissionais de saúde, o Watson ajuda a diagnosticar doenças, analisando grandes volumes de dados e fornecendo *insights* que podem auxiliar os médicos em suas decisões clínicas. Esta aplicação da IA não só melhora a precisão dos diagnósticos, mas também acelera o processo, beneficiando médicos e pacientes.

Google Duplex e as tarefas por voz — O Google Duplex leva a interação homem-máquina a um novo nível, utilizando IA para realizar tarefas por voz, como fazer reservas em restaurantes ou agendar compromissos. Esta tecnologia demonstra como a IA pode ser usada para simplificar tarefas cotidianas, economizando tempo e melhorando a conveniência para os usuários.

Siri e Alexa, as assistentes virtuais — Siri, da Apple, e Alexa, da Amazon, são assistentes virtuais que tornaram a interação homem-máquina mais natural e intuitiva. Esses assistentes usam IA para entender e responder a comandos de voz, facilitando o acesso a informações e a realização de tarefas. Eles representam um avanço significativo na forma como interagimos com nossos dispositivos, tornando a tecnologia mais acessível e amigável.

O Teste de Turing e a visão da IA — O Teste de Turing, concebido pelo matemático Alan Turing, é um marco na história da IA. Ele propôs a ideia de que, um dia, as máquinas poderiam não apenas "pensar", mas também interagir de maneira indistinguível dos humanos. Embora ainda estejamos longe de alcançar essa visão completa, desenvolvimentos como o ChatGPT, Watson, Duplex, Siri e Alexa mostram o quanto avançamos na direção desse objetivo.

A inovação em IA, exemplificada pelo ChatGPT e tecnologias similares, está redefinindo a interação humana com as máquinas. Essas inovações não apenas tornam nossas vidas mais convenientes, mas também abrem novas possibilidades para a eficiência em diversas áreas. À medida que continuamos a explorar o potencial da IA, podemos esperar ver ainda mais avanços que transformarão a maneira como vivemos e trabalhamos.

CAPÍTULO 05

Cultura e inovação: o impacto da inovação na cultura da empresa

A inovação é uma força poderosa que pode transformar uma empresa de maneiras significativas. Quando uma organização abraça essa cultura, ela não está apenas adotando novas tecnologias ou processos, mas está, de fato, reformulando sua mentalidade, valores e comportamentos.

Em primeiro lugar, a inovação fomenta uma mentalidade de crescimento dentro da empresa. Desafios são vistos como oportunidades para aprender e melhorar, incentivando os funcionários a experimentar e a correr riscos calculados. Essa abordagem ajuda a criar um ambiente no qual o fracasso é considerado parte do processo de aprendizado, não algo a ser temido.

Além disso, a inovação promove a colaboração e a diversidade de pensamento. Ela requer uma abordagem colaborativa e interdisciplinar, valorizando diferentes perspectivas e habilidades. Isso leva a soluções mais eficazes e criativas, pois combina uma variedade de pontos de vista e experiências.

Um claro exemplo está na Apple. Em uma reveladora entrevista concedida à Fast Company em 2018, Tim Cook, o visionário CEO da Apple, compartilhou *insights* preciosos sobre como a gigante tecnológica alimenta a inovação, mantendo-se na vanguarda do mercado global. A cultura de inovação na Apple é mais do que uma estratégia, é uma filosofia que permeia todos os aspectos da empresa, impulsionando melhorias constantes em produtos e serviços.

No epicentro da cultura de inovação da Apple está a crença inabalável de que as pessoas vêm antes de números e métricas de mercado. Em vez de se prender a cálculos de receita e avaliações de mercado, a empresa direciona seus esforços para aprimorar a vida das pessoas com produtos inteligentes e intuitivos.

Essa abordagem orientada para o usuário se reflete na facilidade e conveniência de seus produtos. A cultura organizacional e o pensamento inovador não são apenas acessórios na empresa; são elementos críticos que a diferenciam de seus concorrentes.

"A inovação está profundamente enraizada na cultura da Apple. Abordamos os problemas com ousadia e ambição, e acreditamos que não há limites. A inovação está no DNA da empresa", ressalta Cook.

Desde a era de Steve Jobs, a Apple vem trabalhando incansavelmente para desenvolver uma cultura corporativa de inovação. Essa cultura serve como uma força propulsora, direcionando os recursos humanos para apoiar os objetivos estratégicos da empresa. O alinhamento entre a cultura corporativa e a estratégia de inovação é crucial para manter a competitividade no cenário empresarial dinâmico.

Na busca incessante pela inovação, a empresa reconhece que ter as pessoas certas é crucial. No entanto, o conceito de "pessoas certas" transcende a simples combinação de habilidades técnicas e experiência. A filosofia de Steve Jobs, ainda reverberada na empresa, é clara: "Não faz sentido contratar pessoas inteligentes e dizer a elas o que fazer. Contratamos pessoas inteligentes para que possam nos dizer o que fazer."

Essa abordagem desafia a norma, dando liberdade e responsabilidade aos talentos contratados. A Apple valoriza não apenas a inteligência técnica, mas também a capacidade de questionar, desafiar e oferecer perspectivas únicas. Essa liberdade criativa é o que motiva as inovações revolucionárias que continuam a definir a marca.

Em síntese, a Apple não apenas abraça a inovação, ela a incorpora em sua essência. A cultura de colocar as pessoas em primeiro lugar, combinada com uma busca incessante pela excelência, solidifica a empresa como um farol de criatividade no universo tecnológico, continuando a moldar o futuro com produtos que transformam a vida de milhões de pessoas pelo mundo.

Assim, a adaptação e a flexibilidade também se tornam características centrais em uma cultura inovadora. As empresas aprendem a ser mais adaptáveis e flexíveis, tanto em sua estratégia quanto em suas operações, respondendo rapidamente a novas informações ou mudanças nas condições de mercado.

A curiosidade e o aprendizado contínuo são igualmente incentivados em um ambiente inovador. As empresas que inovam promovem o desenvolvimento pessoal e profissional, incentivando os funcionários a expandirem constantemente seus conhecimentos e habilidades.

A inovação também transforma a liderança dentro de uma organização. Líderes em culturas inovadoras são mais visionários e inspiradores, abertos a feedback e a liderarem pelo exemplo. Eles promovem a experimentação e apoiam as equipes na exploração de novas ideias.

Além disso, a inovação frequentemente coloca um foco renovado nas necessidades e experiências do cliente, conduzindo a empresa a uma cultura mais orientada para o consumidor. O objetivo principal passa a ser criar valor e melhorar a satisfação do cliente. Ela também pode dar aos funcionários propósito e direcionamento. Saber que estão contribuindo para algo novo e potencialmente transformador pode ser extremamente motivador e gratificante.

A inovação vai além da introdução de novas ideias ou tecnologias; trata-se de nutrir uma cultura que apoia e valoriza essas mudanças. Uma cultura inovadora é dinâmica, adaptável, colaborativa e sempre busca melhorias, não apenas em produtos ou serviços, mas na própria essência da organização.

A transformação da IBM de uma empresa focada em hardware para uma líder em serviços de TI é um exemplo emblemático de como o pensamento inovador pode levar a uma profunda transformação cultural dentro de uma organização. Essa mudança não se limitou a uma simples alteração nos produtos ou serviços oferecidos; ela representou uma redefinição completa da identidade e do propósito da empresa. A IBM, reconhecendo as mudanças no mercado e nas necessidades dos clientes, adaptou-se à sua oferta, e também à sua essência.

Peter Drucker, um dos mais renomados pensadores da gestão moderna, uma vez afirmou: "A cultura come o estratégico no café da manhã". Essa frase ressalta a ideia de que, por mais sólidas que sejam as estratégias de uma empresa, a cultura organizacional tem um impacto ainda maior no sucesso no longo prazo. No caso da IBM, a inovação não foi apenas uma questão de adotar novas tecnologias ou práticas, mas uma transformação cultural que permeou todos os aspectos da organização.

A iniciativa da IBM proporcionou o crescimento da empresa, mas também moldou significativamente a evolução da tecnologia e da computação. Desde os primeiros passos com os cartões perfurados em 1928, que se tornaram fundamentais no processamento de dados por mais de meio século, a IBM demonstrou uma capacidade notável de liderar e definir o mercado tecnológico.

Um marco significativo na jornada inovadora desta empresa foi a introdução da máquina Shoebox, em 1961. Este dispositivo, um dos precursores no campo do reconhecimento de voz, era capaz de compreender números e algumas palavras simples. Essa inovação abriu caminho para as tecnologias de assistentes de voz que hoje fazem parte de nosso cotidiano.

A contribuição da IBM para o programa Apollo, da NASA, em 1969, é outra demonstração de sua capacidade técnica e inovadora. Fornecendo computadores e softwares essenciais, a IBM desempenhou um papel crucial nas missões que levaram o homem à Lua, marcando presença em um dos eventos mais emblemáticos da história da exploração espacial.

Na década de 1970, a empresa continuou seu caminho de inovações, criando o primeiro disquete do mundo. Esta tecnologia revolucionou o armazenamento e a transferência de dados, permitindo uma nova era de flexibilidade e mobilidade no uso de computadores. Em 1973, desenvolveu o código de barras Universal Product Code (UPC), transformando radicalmente o varejo e a logística ao permitir um gerenciamento de estoque muito mais eficiente.

Mais recentemente, a IBM se destacou como líder no campo emergente da computação quântica, desenvolvendo tecnologias que prometem revolucionar o processamento de dados. Além disso, tem concentrado esforços para desenvolver inteligência artificial e computação em nuvem. Desenvolvendo soluções inovadoras que combinam IA, análise de dados e segurança cibernética, a IBM está ajudando outras empresas a se transformarem digitalmente.

Essa habilidade de se reinventar e permanecer na vanguarda de um setor em constante evolução é um testemunho da visão estratégica, percepção de mercado e compromisso com a inovação que sempre caracterizaram a IBM. Desde a era dos cartões perfurados até a era da inteligência artificial e da computação quântica, a IBM tem sido uma força motriz no mundo da tecnologia, abrindo caminhos e explorando fronteiras desconhecidas.

Essa trajetória ilustra como a inovação na nesta empresa não se limitou a uma série de mudanças de produto ou tecnologia, mas se expandiu em uma transformação cultural profunda. A empresa evoluiu de uma fabricante de hardware para uma líder em serviços de TI, redefinindo sua identidade e seu propósito. Como Peter Drucker afirmou, "A cultura come o estratégico no café da manhã", e a IBM é um exemplo vivo de como a inovação é, em sua essência, uma redefinição da cultura e da identidade de uma organização.

A mudança cultural na IBM envolveu uma nova maneira de pensar e agir. A empresa teve que se desvencilhar de décadas de tradição em hardware para abraçar um futuro incerto, mas promissor, no campo dos serviços de TI. Além de uma nova estratégia de negócios, isso exigiu uma mudança na mentalidade dos funcionários, na abordagem ao mercado e na maneira de se comunicar com os clientes.

Essencialmente, a inovação é uma redefinição da identidade e do propósito de uma organização. No cerne dessa transformação está a necessidade de uma cultura que apoie e promova a mudança. Uma cultura que valorize a aprendizagem contínua, a adaptabilidade e a disposição para desafiar o *status quo* é crucial para qualquer empresa que deseje não apenas sobreviver, mas prosperar em um ambiente de negócios em constante evolução.

A história da IBM demonstra que a inovação eficaz vai além da tecnologia ou dos produtos, ela se enraíza na cultura da empresa. Quando uma organização como a IBM se reinventa, ela estabelece um novo conjunto de valores, crenças e comportamentos que orientam todas as suas ações e decisões. Isso mostra que a verdadeira inovação é um processo holístico que transforma todos os aspectos de uma empresa, desde a sua estratégia de negócios até a sua cultura organizacional.

A natureza solucionadora de problemas do ser humano e a aversão ao desconforto

Desde as primeiras ferramentas da Idade da Pedra até os smartphones de hoje, nossa história é marcada por atitudes inovadores para enfrentar desafios. A aversão ao desconforto, uma força motriz poderosa na natureza humana, tem sido uma das protagonistas desse processo. A tendência a resolver problemas e melhorar constantemente nossas condições de vida é evidente em toda a nossa história.

A jornada da inovação humana é uma narrativa de constante evolução e adaptação. As primeiras ferramentas criadas na Idade da Pedra não foram apenas invenções para facilitar a vida cotidiana, mas também uma resposta a desafios específicos que nossos ancestrais enfrentavam. Da mesma forma, os avanços tecnológicos modernos, como os smartphones, são o resultado de nossa contínua busca por soluções mais eficientes e convenientes para problemas do dia a dia.

A aversão ao desconforto é, sem dúvida, uma força matriz poderosa por trás dessas inovações. Ela nos impulsiona a buscar soluções para situações insatisfatórias e a aprimorar cada vez mais nosso ambiente.

Um exemplo contemporâneo dessa dinâmica é a plataforma Uber. Em um mundo no qual a mobilidade urbana estava estagnada, Garrett Camp e Travis Kalanick ousaram sonhar além das fronteiras dos táxis convencionais. Em 2009, frustrados pela dificuldade em encontrar transporte, esses visionários deram o pontapé inicial para uma jornada extraordinária que moldaria o futuro da mobilidade: a criação da Uber Technologies Inc., em junho de 2010, nas ensolaradas terras de São Francisco, Califórnia.

A Uber não nasceu apenas como um aplicativo de transporte; ela foi concebida como um catalisador de mudanças. Rapidamente captando a atenção de investidores estratégicos, a empresa expandiu sua atuação e redefiniu o que significava inovar no cenário da mobilidade. O aplicativo, inicialmente focado em carros premium, evoluiu para uma plataforma multifacetada, incorporando serviços de entrega, logística e até mesmo laboratórios de tecnologia autônoma.

Dentro desse ecossistema de inovação, a Uber, mas que uma solução de transporte, é uma força transformadora. A variedade de escolhas oferecidas aos usuários é um reflexo do compromisso da Uber em atender às diversas necessidades de seus consumidores. Seja a elegância do Uber Black ou a praticidade do UberX, a empresa abraça a ideia de que a mobilidade é mais do que deslocar-se de um ponto a outro, é uma experiência moldada pela escolha.

A Uber transcendeu barreiras geográficas, conectando mais de 10 mil cidades globalmente. Os números impressionantes de 122 milhões de usuários e 5 milhões de motoristas/ entregadores parceiros, registrados em 2020, não são meros dados, são testemunhos do impacto tangível que a Uber exerce diariamente, realizando cerca de 20 milhões de viagens e entregas em todo o mundo.

A entrada triunfante desta empresa no Brasil, em 2014, foi mais do que o lançamento de um serviço; foi o início de uma revolução na forma como nos deslocamos nas cidades. De grandes metrópoles como Rio de Janeiro e São Paulo até comunidades em todo o país, a Uber transformou a mobilidade em uma experiência acessível e eficiente. Hoje, mais de 500 cidades brasileiras contam com uma rede de um milhão de motoristas e entregadores parceiros, mostrando que a Uber não apenas adotou o Brasil, mas foi adotada por ele.

A engrenagem invisível: a importância do back-office na inovação

Enquanto os holofotes muitas vezes iluminam os visionários e inovadores de ponta, há uma engrenagem invisível que impulsiona a máquina da inovação: o backoffice. Nos bastidores, longe dos olhos do público, esse componente muitas vezes negligenciado é a espinha dorsal que sustenta as ideias revolucionárias e as transforma em realidade.

O backoffice, composto por processos, sistemas e equipes dedicadas, é o alicerce sobre o qual a inovação constrói seu caminho para o sucesso. Ele não apenas gerencia os aspectos operacionais e administrativos, mas também atua como o link vital entre a visão do inovador e a execução pragmática.

Um visionário pode conceber as ideias mais arrojadas e revolucionárias, mas é no backoffice que essas visões ganham vida. Seja na implementação de sistemas eficientes, na gestão de recursos financeiros ou na coordenação logística, o backoffice é o maestro que harmoniza a sinfonia da inovação. Sem ele, a visão pode se perder no caos da execução.

A analogia de que nós, como espécie, somos engenheiros natos, sempre moldando e remodelando nosso ambiente em busca de melhores condições de vida, é bastante apropriada. Essa característica é uma parte fundamental da nossa identidade como seres humanos. Estamos constantemente projetando, construindo e aprimorando — seja criando ferramentas simples ou desenvolvendo tecnologias complexas.

Essa incessante busca por melhorias e soluções inovadoras é o que nos faz avançar como espécie. Ela reflete nossa capacidade única de não apenas nos adaptar ao ambiente, mas também transformá-lo para que atenda às nossas necessidades e desejos. Assim, a história da inovação humana é, em muitos aspectos, a história da nossa jornada como espécie, uma narrativa de desafios enfrentados, problemas resolvidos e um futuro constantemente reimaginado em busca de melhores condições de vida.

A valorização do papel do inovador não deve obscurecer a importância do backoffice. A colaboração entre o visionário e o operacional é uma dança delicada na qual ambos desempenham papéis complementares e indispensáveis. O visionário traz a inspiração, a estratégia, enquanto o back-office traz a estrutura, a eficiência e a viabilidade.

A relação entre o visionário e o operacional é essencial. O visionário precisa do pragmatismo e da execução eficiente do back-office para transformar ideias abstratas em resultados tangíveis. Ao mesmo tempo, o backoffice, ao compreender e apoiar visões audaciosas, evita a estagnação operacional, garantindo que cada inovação seja implementada de maneira fluida e eficaz.

Na equação da inovação, o visionário e o backoffice são interdependentes: um não existe sem o outro. O backoffice não é apenas um centro de suporte, é uma força impulsionadora que leva as ideias para além do papel e as coloca no centro da ação. Juntos, eles formam uma aliança que transforma visões em realizações, moldando o futuro com cada passo inovador.

Um caso exemplar dessa simbiose é a história do Airbnb. Fundada por Brian Chesky, Nathan Blecharczyk e Joe Gebbia, a plataforma começou com a ideia audaciosa de compartilhar espaços para dormir. O trio visionário imaginou uma comunidade global na qual as pessoas poderiam se hospedar em residências alheias, criando uma experiência de viagem única e personalizada.

No entanto, a transição dessa visão para a realidade exigia mais do que apenas ideias criativas. Foi então que o back-office entrou em ação. Para transformar uma plataforma de compartilhamento de casas em um negócio global, foram necessários processos operacionais robustos, sistemas de pagamento eficientes, suporte excepcional ao cliente e estratégias de marketing inovadoras.

Chesky, Blecharczyk e Gebbia idealizaram o Airbnb, e o backoffice desempenhou um papel crucial na construção da infraestrutura que tornou possível a expansão global deste projeto inovador. A integração de processos operacionais, desde a verificação de identidade até a resolução de problemas de reserva, foi essencial para garantir uma experiência consistente e confiável para milhões de usuários.

Portanto, o sucesso do Airbnb não é apenas uma história de inovação visionária, mas também um testemunho do papel vital desempenhado pelo backoffice para concretizar essa ideia. Essa colaboração entre visão e execução operacional é um ensinamento valioso para qualquer empresa que busca transformar ideias audaciosas em realizações tangíveis.

A hipocrisia da cultura corporativa atual: dizer sem fazer

Em um mundo empresarial em constante evolução no qual a inovação é frequentemente proclamada como uma espécie de mantra sagrado, emerge um paradoxo perturbador: a prática de louvar a inovação em palavras, mas fracassar ao tentar integrá-la efetivamente na essência da cultura corporativa. Esta discrepância entre o discurso e a ação pode ser ilustrada pela trajetória da Nokia, que, apesar de ter dominado o mercado de telefonia móvel, acabou por sucumbir devido à sua hesitação em se adaptar às rápidas mudanças do setor. Como George Bernard Shaw astutamente observou: "O maior problema da comunicação é a ilusão de que ela foi realizada". Este princípio, infelizmente, é muitas vezes ignorado nas organizações contemporâneas, nas quais termos como "inovação", "agilidade" e "transformação digital" são discutidos à exaustão, mas raramente efetivados.

A ascensão e a queda da Nokia oferecem um estudo de caso vívido sobre os riscos da inércia e da complacência. Durante seu auge, a Nokia não era apenas uma marca líder no setor de telefonia móvel, mas também um sinônimo de inovação e qualidade. No entanto, a empresa falhou em reconhecer e reagir adequadamente à emergente onda de smartphones e sistemas operacionais mais sofisticados. Esta falha em se adaptar, apesar de reiteradas declarações de compromisso com a inovação, resultou na obsolescência da empresa no mercado.

A história da Nokia é uma advertência pungente: proclamar a inovação, sem incorporá-la efetivamente na cultura e nas práticas corporativas, é um caminho certo para o fracasso. É um exemplo da hipocrisia existente na cultura corporativa contemporânea, na qual a inovação é muitas vezes louvada em teoria, mas ignorada na prática.

Integrar a inovação na cultura empresarial vai além de retórica vazia ou iniciativas isoladas. Requer uma transformação profunda na forma como as organizações pensam, operam e respondem a um ambiente de negócios em constante mudança. Uma verdadeira cultura de inovação encoraja a experimentação, aceita o fracasso como um aspecto necessário do processo de aprendizagem e adota uma abordagem ágil para enfrentar desafios.

A história da Nokia ilustra como uma empresa, outrora líder de mercado, pode perder a relevância ao falhar em traduzir declarações de inovação em ações concretas. O resultado é uma desconexão entre o que se diz e o que se faz, levando a uma perda de oportunidades e, eventualmente, à irrelevância no mercado.

As empresas devem enfrentar essa hipocrisia e alinhar suas palavras com suas ações. A inovação precisa ser mais do que um conceito abstrato, ela deve ser um elemento central na tomada de decisões, nas operações diárias e na estratégia de longo prazo. Isso envolve ir além das palavras grandiosas e dos slogans inspiradores para fundamentar compromissos em ações tangíveis e criar uma cultura que valorize genuinamente a inovação.

Para efetivar essa mudança, é vital o reconhecimento da importância do elo entre visão e execução. O visionário operacional, que percebe a necessidade de inovação, e o inovador prático, que traz as ideias à vida, são indispensáveis e complementares no processo de inovação. Um não pode existir sem o outro.

Suprimir a lacuna entre a retórica e a prática é a jornada que muitas empresas devem empreender para evitar o destino de gigantes que falharam em se adaptar. A hipocrisia na cultura corporativa representa uma ameaça silenciosa, mas a transparência, a ação decisiva e o compromisso genuíno com a inovação, porém, podem converter essa ameaça em uma oportunidade de crescimento e sucesso sustentável.

O exemplo da Nokia serve não somente como um lembrete dos perigos da complacência, mas também como um chamado à ação para todas as organizações que aspiram a não só sobreviver, mas prosperar em um ambiente competitivo. A integridade inovadora, na qual palavras se alinham com ações, é o caminho para um futuro empresarial dinâmico e bem-sucedido.

Outro exemplo emblemático é o caso da Blockbuster. Durante os anos 1990 e início dos anos 2000, esta empresa dominava o mercado de locação de vídeos. Com lojas espalhadas por todo o mundo, a marca era sinônimo de entretenimento em casa, oferecendo uma vasta seleção de filmes e jogos. Ela prosperou em uma época em que ir à locadora de vídeos era uma atividade comum para muitas famílias.

No entanto, com o advento da internet de alta velocidade e o surgimento de serviços de streaming de vídeo, como a Netflix, o cenário começou a mudar rapidamente. Estes novos serviços ofereciam uma alternativa conveniente e acessível às locadoras tradicionais, permitindo aos usuários assistirem a filmes e a programas de TV sem sair de casa.

A Blockbuster, apesar de reconhecer a mudança no comportamento do consumidor e a emergente ameaça digital, manteve-se apegada ao modelo de negócios baseado em lojas físicas. A empresa hesitou em adotar plenamente o modelo digital, uma decisão que acabou se provando desastrosa. Em um ponto crítico, a Blockbuster até teve a oportunidade de adquirir a Netflix, mas não percebeu o potencial disruptivo desse novo modelo de negócios.

Por fim, a resistência da Blockbuster à inovação digital e sua incapacidade de se adaptar às novas preferências dos consumidores resultaram em sua falência em 2010. Enquanto isso, a Netflix e outros serviços de streaming continuaram a crescer e a prosperar, transformando fundamentalmente a maneira como as pessoas acessam e consomem conteúdo de entretenimento.

A Blockbuster tornou-se um exemplo clássico de como a inércia e a complacência podem levar ao declínio e à obsolescência em um mercado em rápida evolução. E é diante de exemplos como esses que vemos a importância da inovação como cultura corporativa.

Desta forma, vemos que, num cenário contemporâneo de negócios marcado por uma disrupção digital sem precedentes, as empresas se deparam com um desafio crítico: inovar ou enfrentar a obsolescência. Este dilema é enfatizado por estudos que mostram uma redução drástica na expectativa de vida das empresas que não conseguem se adaptar e inovar. Um exemplo marcante dessa dinâmica é a acelerada rotatividade no índice S&P 500.

Um estudo de 2014 da Constellation Research evidenciou essa rápida mudança. Em 1958, a permanência média de uma empresa no S&P 500 era de 61 anos. Em 1980, esse número caiu para 25 anos e, em 2011 para 18. A pesquisa da Innosight projetou que 75% do S&P 500 atual será substituído até 2027, evidenciando a velocidade vertiginosa com que as empresas estão sendo desafiadas e, muitas vezes, substituídas.

O principal motivo dessa transformação é a disrupção digital. Desde 2000, mais da metade das empresas da Fortune 500 foram afetadas negativamente pela disrupção digital, resultando em falências, aquisições ou desaparecimento total do mercado. Esse fenômeno destaca como a fusão dos mundos físico e digital tem impactado todas as esferas da sociedade, incluindo comércio, negócios e a vida dos indivíduos.

A transformação digital, frequentemente vista sob uma perspectiva tecnológica estreita, na verdade representa uma mudança primordial nas fundações de uma empresa. Ela vai além de projetos móveis ou iniciativas de e-commerce, abrangendo a adaptação às tempestades provocadas por novas tecnologias que afetam mercados e clientes. As empresas precisam não só de sistemas e processos internos eficazes, mas também de uma crescente interação com competências e capacidades do mercado externo.

Nenhuma indústria está imune a essa transformação. Indústrias ricas em informações, como a edição e a música, foram as primeiras a sentir o impacto da inovação da internet. A revolução móvel criou desafios adicionais para os varejistas, com consumidores migrando para alternativas on-line. Atualmente, tecnologias disruptivas como a nuvem, big data e a Internet das Coisas prometem remodelar essas indústrias e também introduzir mudanças significativas em setores tradicionalmente estáveis, até aqueles com barreiras regulatórias substanciais ou infraestruturas caras.

Apesar do cenário desafiador, a disrupção digital oferece oportunidades imensas. A economia digital está crescendo rapidamente; já representa uma parte significativa do PIB global e ultrapassa o crescimento econômico mundial em larga escala. Quase três bilhões de consumidores e empresas interagem diariamente através de uma miríade de dispositivos digitais. A velocidade implacável da mudança em clientes, mercados e tecnologia gerou enormes oportunidades para aqueles que conseguem se adaptar.

Empresas bem-sucedidas reconhecem que a disrupção digital é mais do que um catalisador de mudanças implacáveis; ela é a base para a construção de novas estratégias empresariais que se movem e evoluem no ritmo dos consumidores e mercados. Essas organizações abraçam a transformação como um estilo de vida, utilizando tecnologias digitais para acelerar o crescimento e solidificar sua presença no mercado.

Em suma, a disrupção digital não é uma tendência passageira, e sim uma realidade incontornável. A capacidade de adaptar-se e inovar tornou-se um imperativo estratégico para todas as empresas, seja qual for o setor. Os negócios que ignorarem essa realidade correm o risco de caírem na obsolescência, enquanto os que abraçarem a transformação digital podem encontrar novos caminhos para o crescimento e a prosperidade em um mundo cada vez mais conectado e tecnologicamente avançado.

Criando um ambiente de alto rendimento na solução de problemas

Em um mundo empresarial acelerado e inovador, é de suma importância valorizar e promover a resolução eficiente e criativa de desafios. Nesse ambiente, os colaboradores são encorajados a identificar problemas, propor soluções inovadoras e trabalhar em equipe para implementá-las de maneira eficaz. Isso requer processos e práticas que facilitem a geração de ideias, a colaboração entre equipes e a rápida execução das soluções. Além disso, é importante promover a aprendizagem e o aprimoramento constantes dos métodos de trabalho. O Google é um exemplo inspirador, mostrando como a regra dos 20% pode criar uma cultura organizacional que estimula a criatividade e a inovação.

A premissa é enganosamente simples: permitir que os funcionários dediquem 20% do seu tempo a projetos pessoais que eles acreditam que podem beneficiar a empresa. Esta abordagem, no entanto, vai muito além de uma política liberal de gestão de tempo — ela representa um compromisso profundo com os princípios da inovação e da liberdade criativa. É o reconhecimento de que as soluções mais inovadoras muitas vezes surgem quando as mentes são livres para explorar, questionar e desafiar o *status quo*.

No coração dessa política está a convicção de que as ideias brilhantes e as soluções inovadoras não surgem nos confins de um cronograma rígido ou de um escopo de projeto limitado. Elas brotam de um ambiente que nutre a curiosidade e valoriza a experimentação. No Google, a liberdade para divagar e a autonomia para trabalhar em projetos pessoais não são vistas como distrações, mas como elementos essenciais para um ambiente de trabalho dinâmico e inovador.

O impacto dessa política na cultura da empresa e em sua trajetória de sucesso é inegável. Produtos revolucionários como o Gmail e o AdSense são frutos dessa filosofia de trabalho. Eles são evidências de como o tempo dedicado à exploração e inovação pode se traduzir em soluções que não apenas resolvem problemas complexos, mas também abrem novos caminhos para o crescimento e o sucesso empresarial.

O modelo do Google demonstra uma verdade fundamental: a solução de problemas em um ambiente de alto rendimento requer mais do que talento e habilidade. Exige um espaço no qual a criatividade possa florescer sem restrições, no qual o risco e o fracasso sejam vistos como etapas necessárias no caminho para o sucesso. Este ambiente é comparável a uma estufa na qual são criadas as condições ideais para plantas crescerem. Da mesma forma, um ambiente de trabalho que apoia a liberdade criativa e a experimentação permite que as ideias se desenvolvam e amadureçam.

A regra dos 20% no Google não se resume a uma simples política; é o reflexo de uma cultura organizacional que valoriza profundamente a inovação e a autonomia pessoal. Os funcionários são incentivados a seguir as próprias paixões e interesses, levando-os a explorar áreas que podem ser completamente novas para a empresa. Isso promove a satisfação e o engajamento dos colaboradores, alimentando também um ecossistema de ideias diversificado e vibrante.

Neste ambiente, os funcionários se sentem empoderados para assumir a propriedade de seus projetos, transformando-se em empreendedores internos. São motivados por metas e objetivos organizacionais, e também pela busca pessoal de realização e descoberta. O resultado disso é uma força de trabalho altamente motivada e engajada, que está constantemente buscando formas de melhorar e inovar.

Porém, criar tal ambiente não é isento de desafios. O principal é encontrar o equilíbrio entre dar liberdade aos funcionários para explorar e garantir que o trabalho principal não seja negligenciado. A maneira encontrada pelo Google para lidar com essa situação foi criar uma cultura que valoriza tanto a inovação quanto a responsabilidade. Os funcionários são encorajados a explorar novas ideias, mas também são responsáveis por gerenciar seu tempo de maneira eficaz para cumprir suas obrigações.

Além disso, a inovação não ocorre no vazio. Requer colaboração e troca de ideias entre diferentes equipes e departamentos. No Google, a política dos 20% facilita a interação entre diferentes áreas da empresa, criando um terreno fértil para a colaboração interdisciplinar. Essa troca de ideias enriquece o processo de solução de problemas, bem como promove uma compreensão mais profunda e holística dos desafios enfrentados pela empresa.

Outra dimensão crucial dessa abordagem é a aceitação e o incentivo ao fracasso. Enquanto muitas organizações condenam o fracasso, como uma perda de tempo e de recursos, o Google o considera uma parte essencial do processo de aprendizado e inovação. A empresa reconhece que nem todas as ideias darão frutos, mas cada tentativa é uma oportunidade para aprender e crescer.

Essa mentalidade gera uma cultura organizacional resiliente e adaptável. Quando os funcionários não têm medo de falhar, eles estão mais dispostos a assumir riscos e pensar fora da caixa. E é esta disposição para experimentar que mantém a empresa na vanguarda da inovação e da mudança tecnológica.

Além de promover a inovação, a regra dos 20% também tem um impacto significativo no recrutamento e na retenção de talentos. Profissionais altamente qualificados e criativos são atraídos para organizações que lhe oferecem a oportunidade de explorar os próprios interesses e paixões, e o Google, ao propor um ambiente no qual o funcionário tem liberdade para inovar, figura no mercado como a opção ideal para muitos dos melhores talentos.

O sucesso dessa abordagem é evidente nos produtos e serviços inovadores que o Google continua a lançar. Cada criação da empresa é um testemunho da eficácia de sua cultura de solução de problemas e inovação. Estes produtos não apenas atendem às necessidades do mercado, mas muitas vezes as antecipam, estabelecendo novos padrões e abrindo novos mercados.

A abordagem do Google também destaca a importância de investir no desenvolvimento pessoal e profissional dos funcionários. Ao dedicar tempo a projetos pessoais, eles desenvolvem novas habilidades e expandem o conhecimento, o que beneficia a empresa como um todo, tornando-os mais versáteis, adaptáveis e preparados para enfrentar uma variedade de desafios.

No entanto, a implementação de um ambiente de alto rendimento na solução de problemas exige não só uma mudança de política, mas também uma verdadeira transformação na cultura organizacional. Empresas que seguem este caminho demonstram um compromisso contínuo com a inovação e o desenvolvimento de seus funcionários. Esse acordo ajuda na solução de problemas de forma mais eficaz e criativa, assim como desempenha um papel crucial na atração e retenção de talentos, no fomento de um espírito de equipe colaborativo e no fortalecimento da posição competitiva da empresa no mercado.

Assim, as organizações que desejam prosperar em um mercado em constante mudança podem se inspirar no modelo do Google, reconhecendo que a chave para um ambiente de alto rendimento na solução de problemas reside em uma cultura que celebra a criatividade, a inovação e a liberdade de explorar. Ao cultivar um espaço em que a inovação é nutrida como em uma estufa, essas empresas não apenas resolvem desafios atuais de forma mais eficiente, mas também pavimentam o caminho para inovações futuras.

A importância da mudança de hábitos

A mudança de hábitos, uma jornada tanto pessoal quanto profissional, é um processo indispensável no caminho para a inovação e o crescimento. Como enfatizado por Charles Duhigg em seu livro *O poder do hábito*, os hábitos moldam grande parte de nosso dia a dia, influenciando a forma como agimos em níveis muitas vezes inconscientes. Entender e transformá-los é, portanto, uma habilidade essencial para quem busca inovação e sucesso.

Duhigg explica que os hábitos são formados por um ciclo de três partes: o gatilho, a rotina e a recompensa. Este ciclo, repetido inúmeras vezes, o solidifica. A chave para mudar um hábito, portanto, reside em entender esse ciclo e substituir a rotina por uma mais produtiva, mantendo o mesmo gatilho e a recompensa. Essa abordagem nos permite reescrever padrões de comportamento de maneira eficaz, mantendo os aspectos do hábito que nos trazem satisfação.

A força de vontade surge como um componente essencial neste processo. Assim como um músico ao aprender uma nova peça, a mudança de hábitos requer prática e determinação. Talvez seja difícil e desconfortável no início, mas, à medida que persistimos, a nova rotina começa a se tornar natural. A força de vontade é o combustível que nos impulsiona através deste período de transição, ajudando-nos a superar as barreiras iniciais e a resistência à mudança.

Além de Duhigg, autores como Louise Hay, em *O poder da mente*, e Eckhart Tolle, em *O poder do agora*, também oferecem perspectivas valiosas sobre como nossos padrões de pensamento e nossa atitude em relação ao presente afetam nossos hábitos. Hay enfatiza a importância de padrões de pensamento positivos e como eles podem transformar nossa realidade, enquanto Tolle nos lembra da importância de viver no momento presente, um aspecto fundamental para reconhecer e modificar hábitos.

A mudança de hábitos, no entanto, vai além da esfera pessoal. No mundo dos negócios, a inovação frequentemente exige a quebra de velhos padrões e a adoção de novas práticas. As organizações, assim como os indivíduos, possuem hábitos que podem tanto impulsionar o sucesso quanto criar barreiras para a inovação. A capacidade de uma empresa de inovar e se adaptar em um mercado em constante mudança muitas vezes depende de sua disposição para examinar e alterar esses hábitos corporativos.

A jornada para a mudança de hábitos começa com a conscientização. É essencial entender os hábitos que governam nossas ações e identificar aqueles que são benéficos e aqueles que nos impedem de alcançar nosso potencial. Uma vez que esses hábitos são identificados, podemos começar o processo de transformá-los, aplicando a mesma estrutura de gatilho, rotina e recompensa para desenvolver novos padrões mais alinhados com nossos objetivos.

A implementação dessas mudanças não é um processo rápido ou fácil. Exige uma combinação de autoconsciência, estratégia e, acima de tudo, persistência. No entanto, o esforço para transformar hábitos é incrivelmente recompensador. Ao mudar hábitos limitantes, abrimos portas para novas oportunidades, melhoramos nossa eficiência e desbloqueamos nosso potencial criativo.

No contexto empresarial, a mudança de hábitos pode levar a uma maior inovação e adaptabilidade. As empresas que encorajam seus funcionários a desafiarem o *status quo* e a experimentarem novas abordagens estão mais bem equipadas para responder às mudanças do mercado e às necessidades dos clientes. Essa flexibilidade e abertura à mudança são vitais para manter a relevância e o sucesso em um ambiente de negócios cada vez mais dinâmico.

Em conclusão, a mudança de hábitos é uma jornada desafiadora, mas essencial para o crescimento pessoal e profissional. Inspire-se nas lições dos especialistas da área e comece sua própria jornada de transformação. Ao fazê-lo, você não só desbloqueará o próprio potencial, mas também contribuirá para a cultura de inovação e adaptabilidade em seu ambiente de trabalho e além.

Mudança motivada pelo resultado, e não por modismos ou prazeres passageiros

Em um mundo empresarial que evolui rapidamente, a mudança é uma constante. No entanto, é essencial que essa mudança seja motivada por objetivos e resultados concretos, e não apenas por adesão a tendências passageiras ou pela busca de gratificações imediatas.

Os modismos, por definição, são tendências de curta duração que rapidamente ganham popularidade. No entanto, são uma armadilha em que as corporações costumam cair, porque, embora pareçam atraentes no curto prazo, em geral lhe faltam substância ou relevância duradoura.

No contexto corporativo, seguir essas tendências pode levar a decisões aparentemente inovadoras ou progressistas que, na realidade, não estão alinhadas com os objetivos estratégicos da empresa. Tais escolhas podem resultar em desperdício de recursos, desalinhamento estratégico e, em última análise, resultados decepcionantes.

O caso do Segway, na virada do milênio, ilustra perfeitamente esse ponto. Apesar da intensa popularidade inicial e da inovação tecnológica que representava, o Segway falhou em atender a uma necessidade real do mercado ou criar um valor significativo no longo prazo. Essa situação ressalta a importância de diferenciar inovações genuínas de modismos passageiros.

Por outro lado, decisões baseadas em prazeres passageiros ou gratificações imediatas podem desviar o foco dos objetivos de longo prazo de uma organização. Embora possam proporcionar satisfação imediata, essas escolhas frequentemente não sustentam os interesses da empresa no longo prazo e podem comprometer a sustentabilidade e o crescimento futuros.

Uma mudança orientada por resultados, em contraste, é fundamentada em objetivos claros e mensuráveis. Esta abordagem garante que cada iniciativa de mudança seja avaliada e implementada com base em sua capacidade de contribuir significativamente para os objetivos estratégicos da organização. Esse foco em resultados tangíveis assegura que os recursos e esforços da empresa sejam direcionados de maneira eficaz e eficiente.

A Apple exemplifica essa abordagem orientada por resultados. A empresa não se limita a seguir as tendências tecnológicas existentes; em vez disso, ela se concentra em inovações que alinham design, funcionalidade e experiência do usuário, resultando em produtos que não apenas atendem às necessidades atuais dos clientes, mas também definem novos padrões de mercado.

Da mesma forma, a estratégia da Amazon de expansão contínua e diversificação de serviços, desde o comércio eletrônico até a computação em nuvem e a IA, é um exemplo de mudança orientada por resultados. A empresa identifica oportunidades nas quais pode aplicar suas competências centrais de forma inovadora, gerando novas fontes de receita e fortalecendo sua posição no mercado.

Estabelecer objetivos claros e mensuráveis é o primeiro passo para garantir que a mudança seja orientada por resultados. Esses objetivos devem estar alinhados com a visão e a estratégia geral da organização. Uma análise cuidadosa é necessária para compreender o impacto potencial de qualquer mudança proposta, e um planejamento meticuloso é crucial para sua execução bem-sucedida.

O envolvimento de stakeholders em todo o processo de mudança também é essencial. Ao considerar as perspectivas e necessidades de diferentes grupos — como funcionários, clientes e parceiros —, as empresas podem garantir que as mudanças sejam bem recebidas e eficazes.

Estabelecer métricas de desempenho claras e monitorar o progresso com base nelas ajuda a manter a mudança no caminho certo e a assegurar que ela alcance os resultados desejados. A flexibilidade e a capacidade de se adaptar a desafios e mudanças no ambiente de negócios são também essenciais para manter a relevância e a eficácia da mudança ao longo do tempo.

Em suma, as empresas que buscam não apenas se adaptar às demandas atuais, mas também pavimentar o caminho para o sucesso futuro, devem adotar uma abordagem orientada por resultados para a mudança. Ao evitar as armadilhas dos modismos e das gratificações de curto prazo e ao focar em resultados tangíveis e melhorias significativas, as organizações podem garantir que suas iniciativas de mudança sejam sustentáveis, relevantes e eficazes no longo prazo. Como disse Antoine de Saint-Exupéry: "A perfeição não é alcançada quando não há mais nada a adicionar, mas quando não há mais nada a retirar." Esta filosofia encapsula a essência da mudança orientada por resultados: a busca por soluções que são refinadas, eficazes e alinhadas com o propósito central da empresa.

CAPÍTULO 06

Como a inovação muda alguns mercados tradicionais

Como visto desde o início dessa jornada, a inovação em mercados tradicionais continua sendo um fenômeno fascinante que desafia a complacência e reinventa o *status quo*. Ela surge não apenas como uma resposta às necessidades de um mundo em constante mudança, mas também como um impulso para a renovação e o progresso. Neste capítulo, vamos explorar como a inovação tem sido o gatilho para transformar mercados estagnados em arenas de crescimento e oportunidades extraordinárias.

A jornada da inovação em mercados tradicionais começa com a identificação de lacunas e deficiências nas práticas existentes. Seja por uma necessidade de maior eficiência, pressão competitiva ou um desejo de atender melhor às expectativas dos consumidores, a inovação se apresenta como uma força necessária para a evolução. Nesse processo, a implementação da inovação envolve mais do que apenas adotar novas tecnologias, ela exige uma mudança radical na mentalidade, na cultura organizacional e nos modelos de negócios.

Para ilustrar a transformação que a inovação pode trazer, consideremos o exemplo da Uber e seu impacto no serviço de táxis. Antes da Uber, o serviço de táxis operava em grande parte da mesma maneira por décadas. A chegada da empresa, com seu modelo de negócios baseado em tecnologia que conecta motoristas e passageiros através de um aplicativo, revolucionou completamente o setor. Este não foi apenas um avanço tecnológico, mas uma redefinição completa de como o serviço de transporte pessoal poderia ser operado e experienciado. A Uber exemplifica como a inovação pode quebrar barreiras tradicionais, oferecer mais conveniência e eficiência e, ao mesmo tempo, desafiar as normas regulatórias e os modelos de negócios existentes.

Da mesma forma, o Airbnb reimaginou a indústria hoteleira. Em vez de construir novos hotéis ou seguir o modelo tradicional, a companhia construiu uma plataforma que permite às pessoas alugarem suas propriedades ou quartos para viajantes. Esta abordagem disruptiva não apenas ofereceu uma alternativa aos hotéis, mas também criou um mercado completamente novo, expandindo as opções de hospedagem e democratizando o acesso à economia do compartilhamento.

Outro exemplo significativo é a Netflix, que não só desafiou, mas desmantelou a tradicional locadora de vídeos. Além disso, reformulou a indústria de entretenimento ao investir em conteúdo original, alterando a dinâmica da produção cinematográfica e televisiva e a maneira como o público consome mídia.

Esses exemplos ilustram que a inovação não é apenas sobre tecnologia, é sobre ver oportunidades naquilo em que outros veem obstáculos. Trata-se de repensar e remodelar mercados com novos produtos ou serviços, mas também com novas maneiras de fazer negócios, novas estratégias e modelos de engajamento com os consumidores.

A inovação, no entanto, não vem sem seus desafios. Ela pode enfrentar resistência, tanto interna quanto externa, devido a barreiras regulatórias, culturais e logísticas. No entanto, esses obstáculos também são oportunidades para empresas inovadoras. Ao superá-los, elas estabelecem novos padrões para suas indústrias, assim como abrem caminho para um crescimento e desenvolvimento contínuos.

Em conclusão, o pensamento inovador tem o poder de transformar mercados tradicionais de maneiras profundas e duradouras. Empresas como Uber, Airbnb e Netflix são testemunhos do poder da inovação para redefinir indústrias, mudar comportamentos dos consumidores e criar novos paradigmas de sucesso. Para empresas em mercados tradicionais, a lição é clara: a inovação não é apenas uma escolha, mas uma necessidade imperativa para se manter relevante e próspero em um mundo em rápida transformação. Conforme avançamos, inevitavelmente mais indústrias serão transformadas pela inovação, abrindo novos horizontes e oportunidades em um futuro empolgante e imprevisível.

As empresas que mais inovam

No cenário econômico de 2023, marcado por incertezas e desafios globais, a inovação emergiu não apenas como uma resposta, mas como um imperativo para as empresas que buscam se destacar e prosperar. O relatório "Most Innovative Companies 2023: Reaching New Heights in Uncertain Times" [As companhias mais inovadoras de 2023: alcançando novas posições em tempos de incerteza], do Boston Consulting Group (BCG), revela uma tendência interessante: uma esmagadora maioria de 79% das empresas colocou a inovação entre as três principais prioridades. Este número, mantendo-se próximo ao registrado no ano anterior e se aproximando do pico de 2019, é um testemunho da resiliência e do compromisso das organizações em manter a inovação no centro de suas estratégias, mesmo em tempos turbulentos.

A inovação em 2023 se concentrou em duas áreas: o desenvolvimento de novos produtos e a exploração de modelos de negócios adjacentes. Curiosamente, 62% dos entrevistados no relatório identificaram o custo como um fator-chave para a inovação, ressaltando que, além de ser uma ferramenta para a criação e aprimoramento, a inovação é um meio para alcançar eficiência e sustentabilidade financeira. Ademais, um otimismo palpável permeia o cenário, com 42% das empresas planejando aumentar significativamente seus investimentos em inovação.

O sucesso na inovação, conforme demonstrado pelo relatório, reside em três movimentos cruciais: priorizar efetivamente ações inovadoras, investir substancialmente em talentos voltados para esse fim e transformar esses investimentos em resultados tangíveis. Essa abordagem é claramente refletida nas 50 empresas mais inovadoras de 2023, lideradas pela Apple, que se aproxima da impressionante marca de valor de mercado de US$ 3 trilhões.

A lista das 50 empresas mais inovadoras apresenta uma diversidade geográfica significativa, uma prova concreta de que este é um fenômeno global. A presença da Saudi Aramco, representando o Oriente Médio, é particularmente notável, um sinal de que a indústria de energia e as preocupações ambientais estão cada vez mais em foco. Além disso, as montadoras e empresas de energia se destacam, indicando uma ênfase na sustentabilidade e na inovação ecológica.

Empresas de tecnologia, apesar dos desafios enfrentados no ano anterior, continuam a dominar as posições de liderança. Tesla, Amazon, Alphabet, Microsoft e Moderna são alguns dos nomes que se destacam por suas abordagens inovadoras e audaciosas. Estas empresas não apenas adaptam-se às mudanças, mas também estão na vanguarda da inovação, liderando e moldando o futuro dos negócios e da sociedade.

O investimento anual dedicado por estas empresas à inovação reflete um compromisso profundo com a transformação e o avanço. A filosofia e a cultura organizacional dessas organizações são marcadas pela busca incessante pela excelência, valorização do talento e ousadia em explorar novos territórios.

Em suma, vemos que o relatório do BCG de 2023 ilumina um caminho para as empresas que aspiram atingir novos patamares em tempos de incerteza. A inovação, longe de ser um luxo, tornou-se uma necessidade estratégica. As empresas mais inovadoras de 2023 demonstram que, com um foco claro na inovação, compromisso com o talento e a capacidade de transformar visão em realidade, é possível não apenas sobreviver, mas também prosperar e definir o ritmo em um mundo empresarial em rápida transformação.

Lista BCG: Liderando a Inovação Empresarial: os diferenciais das Top 10 em 2023.

1. Apple

Diferencial: A Apple continua na vanguarda da inovação, destacando-se pela integração sinérgica de hardware e software em seus produtos. A abordagem centrada no usuário e no design inovador são pilares fundamentais.

Orçamento anual: A empresa dedica cerca de 15% de sua receita anual para pesquisa e desenvolvimento, totalizando bilhões de dólares e impulsionando novos produtos e tecnologias.

Filosofia e cultura: A cultura da Apple valoriza a busca pela excelência, criatividade e pensamento disruptivo. A filosofia "Pessoas Primeiro" enfatiza a criação de produtos que aprimorem a vida dos consumidores.

2. Tesla

Diferencial: A Tesla se destaca no mercado automotivo principalmente pelo software em seus carros. O hardware pode ser atualizado remotamente por meio do software, evidenciando uma abordagem inovadora. Além disso, o modelo de negócios baseia-se na venda direta, estabelecendo uma relação mais próxima com o consumidor. Em terceiro lugar, a Tesla oferece um ecossistema completo, vendendo soluções de ponta a ponta, desde painéis solares até carregadores e carros, todos integrados. Além disso, a empresa oferece carregamento rápido em pontos específicos, agregando conveniência e praticidade aos seus clientes.

Orçamento anual: A Tesla alocou mais de 10% da receita total em pesquisa e desenvolvimento, impulsionando avanços em energia limpa e transporte autônomo.

Filosofia e cultura: A cultura inovadora da Tesla é fundamentada na missão de acelerar a transição do mundo para fontes de energia sustentáveis. O CEO Elon Musk promove uma mentalidade de desafiar constantemente o *status quo*.

3. Amazon

Diferencial: A Amazon revolucionou o varejo on-line e serviços em nuvem. O diferencial está na obsessão pelo cliente, nas entregas rápidas e na diversificação de serviços.

Orçamento anual: A empresa investe significativamente em inovação, alocando mais de 12% da receita anual em pesquisa e desenvolvimento.

Filosofia e cultura: A cultura centrada no cliente da Amazon destaca a importância da inovação constante. A cultura do "Dia 1" promove a mentalidade de startup, mesmo sendo uma das maiores empresas do mundo.

4. Alphabet (Google)

Diferencial: A Alphabet é líder em busca on-line, publicidade e tecnologias avançadas. O diferencial dela está na expansão para áreas como inteligência artificial, saúde e mobilidade urbana.

Orçamento anual: Investimento de mais de 15% da receita anual em pesquisa, impulsionando avanços em IA, aprendizado de máquina e projetos ambiciosos, como o Waymo.

Filosofia e cultura: A cultura da Alphabet valoriza a liberdade criativa e a experimentação. Projetos como o Google X refletem a busca por soluções inovadoras e de longo prazo.

5. Microsoft

Diferencial: A Microsoft é líder em software, computação em nuvem e produtos corporativos. O diferencial da empresa está na adaptação constante às demandas tecnológicas, como a ascensão da computação em nuvem.

Orçamento anual: A organização alocou mais de 13% de sua receita anual em pesquisa e desenvolvimento, impulsionando avanços no Azure, Office 365 e inovações como o HoloLens.

Filosofia e cultura: A Microsoft enfatiza a colaboração, o aprendizado contínuo e a busca pela inovação responsável. O CEO, Satya Nadella, destaca a importância da "transformação cultural" na empresa.

6. Moderna

Diferencial: A Moderna é uma pioneira em vacinas de mRNA, destacando-se pelo rápido desenvolvimento de imunizações, especialmente durante a pandemia da Covid-19.

Orçamento anual: A farmacêutica investe significativamente em pesquisa e desenvolvimento, dedicando mais de 20% da receita anual para impulsionar avanços em saúde e biotecnologia.

Filosofia e cultura: A cultura da empresa reflete um compromisso com a inovação biomédica. A abordagem ágil permitiu respostas rápidas a desafios globais de saúde.

7. Samsung

Diferencial: É líder global em eletrônicos, destacando-se pela inovação em telas, dispositivos móveis e tecnologias emergentes, como 5G e inteligência artificial.

Orçamento anual: Investimento de mais de 8% da receita anual em pesquisa e desenvolvimento, impulsionando avanços em smartphones, eletrônicos e semicondutores.

Filosofia e cultura: A cultura da Samsung destaca a excelência em design, tecnologia e a busca constante por soluções inovadoras que simplifiquem a vida das pessoas.

8. Huawei

Diferencial: A Huawei é uma líder global em tecnologia de telecomunicações e dispositivos móveis, destacando-se pela liderança em redes 5G e inovação em hardware.

Orçamento anual: A empresa alocou mais de 10% da receita anual em pesquisa e desenvolvimento, impulsionando avanços em conectividade e dispositivos móveis.

Filosofia e cultura: A cultura da Huawei enfatiza a dedicação à qualidade e inovação, buscando liderar na conectividade global e fornecer tecnologias avançadas.

9. BYD Company

Diferencial: A BYD é líder em veículos elétricos e soluções de energia sustentável, destacando-se pela abordagem integrada que abrange automóveis, ônibus e energia renovável.

Orçamento anual: A fabricante investe mais de 6% da receita anual em pesquisa e desenvolvimento, impulsionando avanços em mobilidade elétrica e soluções energéticas inovadoras.

Filosofia e cultura: A cultura da BYD reflete o compromisso com a sustentabilidade e a inovação em mobilidade elétrica, posicionando-se como uma força motriz na transição para veículos mais ecológicos.

10. Siemens

Diferencial: Líder em automação, digitalização e eletrificação, destaca-se pela presença abrangente em setores industriais e tecnologias avançadas.

Orçamento anual: Com um investimento de mais de 9% da receita anual em pesquisa e desenvolvimento, impulsiona avanços em automação industrial, energias renováveis e digitalização.

Filosofia e cultura: A cultura da Siemens enfatiza a engenhosidade e a busca por soluções que impulsionem a transformação digital em diversos setores, refletindo o compromisso da empresa com a inovação.

Nota-se que essas empresas líderes delineiam os contornos do futuro dos negócios globais, bem como inspiram uma nova geração de inovadores. Seus diferenciais, orçamentos e culturas centradas na inovação as posicionam na vanguarda da transformação, moldando indústrias e redefinindo o padrão de excelência em um mundo em constante evolução.

Escassez de matéria-prima x Inovação

A escassez de matéria-prima tem emergido como um desafio significativo para as empresas em várias indústrias, forçando-as a buscar novas soluções. Essa situação, embora desafiadora, tem se mostrado um terreno fértil para o avanço da sustentabilidade e para o surgimento de práticas inovadoras. Ao examinar este cenário sob diferentes perspectivas, podemos entender melhor como a necessidade impulsiona a inovação e a transformação em vários setores.

A relação entre a escassez de matéria-prima e a inovação é fundamentalmente de causa e efeito. Quando as empresas se deparam com a escassez de recursos essenciais, são compelidas a repensar seus processos e produtos. Isso pode envolver a busca por materiais alternativos, a revisão de métodos de produção ou até mesmo a reformulação completa de produtos e serviços. Este processo de reimaginação não consiste em uma simples resposta à escassez, mas sim em uma oportunidade de inovar, de criar algo novo e mais eficiente do que antes.

Além disso, a escassez de matéria-prima está intrinsecamente ligada à questão da sustentabilidade. A necessidade de buscar alternativas sustentáveis tornou-se uma prioridade para muitas empresas, não só como uma resposta à escassez, mas como um reconhecimento da importância de preservar recursos para gerações futuras. A inovação sustentável envolve desenvolver produtos e processos que são eficientes, ambientalmente amigáveis e socialmente responsáveis.

Há vários casos em que a escassez de matéria-prima levou a inovações significativas. Um exemplo notável é o da indústria automobilística, que enfrentou a insuficiência de metais raros utilizados em componentes de veículos elétricos. Este desafio impulsionou as empresas a desenvolverem baterias mais eficientes e a explorarem alternativas para os metais raros. Outro exemplo é o da indústria têxtil, que, diante da escassez de algodão e da crescente preocupação ambiental, virou-se para fibras alternativas e recicladas, fomentando uma onda de inovação em materiais sustentáveis.

Esses casos demonstram que a baixa oferta de matéria-prima atuou como um catalisador para a inovação. Em vez de considerarem a escassez um obstáculo insuperável, as empresas inovadoras a veem como uma oportunidade para repensar e remodelar suas práticas. Isso não apenas resolve o problema imediato da escassez, mas também abre novos caminhos para a eficiência, a sustentabilidade e o sucesso no longo prazo.

A inovação, portanto, surge como uma resposta necessária e valiosa à escassez de matéria-prima. Ela impulsiona as empresas a se tornarem mais adaptáveis, eficientes e sustentáveis. Ao mesmo tempo, desafia o *status quo* e promove o desenvolvimento de tecnologias e práticas que podem beneficiar não apenas a empresa, mas a sociedade como um todo.

Portanto, a escassez de matéria-prima é um poderoso impulsionador da inovação. Ela força as empresas a pensarem criativamente, a buscarem soluções sustentáveis e a inovarem de maneiras que antes pareciam desnecessárias ou impossíveis. Essa necessidade de inovação molda o presente e define o futuro dos negócios, mostrando que, mesmo em tempos de escassez, há um grande potencial para o crescimento e a transformação.

CAPÍTULO 07

O ecossistema da inovação: introdução à ideia de ecossistema em inovação

No mundo da inovação, a analogia do ecossistema natural oferece uma compreensão profunda e intuitiva de como as ideias e as tecnologias evoluem e prosperam. Assim como um ecossistema biológico depende da interação entre diversas espécies para sobreviver e se desenvolver, o ecossistema de inovação é uma rede complexa e interconectada de indivíduos, empresas, instituições e recursos. Nesse mundo complexo e dinâmico de hoje, é impossível prosperar isoladamente. As empresas precisam do ecossistema de inovação para colaborar, compartilhar recursos e conhecimentos, e impulsionar o desenvolvimento de novas ideias e tecnologias.

Neste ambiente dinâmico, a vitalidade e o sucesso são alimentados pelo fluxo constante de informações, pela colaboração efetiva e pelo acesso a recursos diversos. Cada elemento do ecossistema de inovação — desde universidades que fomentam a pesquisa de ponta até as startups com abordagens disruptivas, passando pelos investidores que fornecem capital e as grandes corporações que escalam inovações — desempenha um papel único e essencial. Juntos, eles formam um tecido vibrante de atividade criativa e empreendedora.

O Vale do Silício, talvez o exemplo mais famoso e emblemático de um ecossistema de inovação bem-sucedido, ilustra perfeitamente como essa interconexão funciona na prática. Lá, a proximidade e a interligação entre universidades de prestígio, startups inovadoras, investidores de capital de risco e grandes corporações tecnológicas criam um ambiente propício para a inovação contínua. A colaboração intensa e a troca constante de ideias, talentos e tecnologias são a força vital deste ecossistema.

Universidades como Stanford e UC Berkeley são mais do que instituições acadêmicas; são incubadoras de ideias e tecnologias inovadoras, fornecendo um fluxo constante de pesquisa avançada e talento jovem e ambicioso. As startups, com sua agilidade e mentalidade disruptiva, desafiam incessantemente o convencional, estimulando a inovação rápida e transformadora. Os investidores de capital de risco assumem uma posição primordial ao financiar essas ideias audaciosas, transformando-as em empreendimentos viáveis e escaláveis. E as grandes corporações contribuem com recursos substanciais, experiência e infraestrutura para levar essas inovações ao mercado global.

A sinergia e o equilíbrio entre esses diversos participantes são fundamentais para a saúde e eficácia do ecossistema de inovação. No Vale do Silício, essa interação harmoniosa tem sido a chave para seu domínio global em tecnologia e inovação. Este ecossistema não apenas catalisa o progresso tecnológico, mas também impulsiona o desenvolvimento econômico, demonstrando o poder de um ecossistema de inovação robusto e integrado.

Ao observarmos o Vale do Silício e outros ecossistemas de inovação semelhantes ao redor do mundo, fica evidente que esses ambientes não são meros acidentes geográficos ou históricos; eles são construções deliberadas e cuidadosamente cultivadas nas quais a colaboração, o intercâmbio de ideias e o apoio mútuo convergem para criar um terreno fértil para a inovação e o avanço tecnológico. Trata-se de testemunhos vivos da capacidade humana de criar ambientes nos quais ideias audaciosas podem florescer e transformar o mundo.

Esses ecossistemas de inovação são compostos por uma variedade de elementos interconectados, incluindo governo, empresas, startups, aceleradoras, investidores, bancos, academia, laboratórios de pesquisa e muito mais. Eles colaboram e interagem entre si, criando uma sinergia que fomenta o desenvolvimento de novas ideias e tecnologias.

Além do Vale do Silício, Tel Aviv também é um bom exemplo de ecossistema de inovação, sendo conhecida como a "Startup Nation" devido à sua próspera cena de startups e ao apoio do governo e de investidores locais. A Coreia do Sul é mais uma região que se destaca, especialmente na indústria de tecnologia, com empresas como Samsung e LG liderando a inovação global. A Índia emergiu como um poderoso centro de inovação, com uma crescente comunidade de startups e um ambiente de apoio cada vez mais robusto. Além disso, Abu Dhabi está investindo fortemente na criação de um ecossistema de inovação para atrair talentos e impulsionar o crescimento econômico. Esses exemplos demonstram a diversidade e a vitalidade dos ecossistemas de inovação ao redor do mundo, cada um contribuindo de forma única para o avanço tecnológico e o progresso global.

A voz da figura que constrói a base da inovação

A voz da figura que constrói a base da inovação ressoa com uma força silenciosa, porém vital. Em um mundo em que a inovação é frequentemente associada a ideias brilhantes e personalidades carismáticas no centro do palco, é essencial reconhecer o poder e a importância do backoffice, o coração pulsante por trás de cada avanço. Estes profissionais — engenheiros, programadores, especialistas em finanças e muitos outros — não são apenas suporte: são os pilares da inovação, os artesãos meticulosos cujo trabalho incansável eleva as grandes ideias do conceito à realidade.

Imagine uma orquestra na qual o solista captura os aplausos, mas a verdadeira magia ocorre na interação sutil e harmoniosa dos músicos de apoio. Cada músico, com sua maestria individual, contribui para uma sinfonia perfeita. Da mesma forma, em empresas inovadoras como a SpaceX, enquanto figuras como Elon Musk podem ser o rosto da inovação, são os milhares de profissionais nos bastidores que tecem a tapeçaria da transformação. Eles aplicam suas habilidades e conhecimentos para enfrentar desafios técnicos e criar novas tecnologias, sendo essenciais para o sucesso da empresa.

O backoffice, muitas vezes subestimado é, na verdade, um motor de inovação. Gerenciando operações críticas como administração, finanças, suporte técnico e logística, estas equipes são o alicerce que sustenta a visão inovadora. Sem sua expertise e dedicação, as ideias mais brilhantes poderiam falhar ao encontrar solo fértil para crescer. Mas do que simples suporte, eles são os tradutores que transformam a linguagem da inovação em estruturas operacionais tangíveis e eficazes.

Essencialmente, a relação entre visionários e inovadores de backoffice não é apenas de interdependência, mas de sinergia. O visionário estabelece o rumo e inspira, mas é a equipe de backoffice que torna essa visão realizável, lidando com as complexidades e os desafios do dia a dia. Juntos, eles formam uma aliança poderosa, uma combinação de sonho e ação que impulsiona a inovação e o crescimento.

Ao celebrar a inovação, devemos, portanto, dar igual reconhecimento àqueles que brilham sob os holofotes e àqueles que operam nos bastidores. Cada membro contribui de maneira única e indispensável. A verdadeira inovação ocorre não apenas na concepção de ideias grandiosas, mas também na sua execução habilidosa. O backoffice é o solo fértil no qual as sementes do visionário são plantadas e cultivadas até que floresçam em realidades impactantes.

A necessidade de uma habilidade financeira

A dinâmica da inovação no mundo moderno está intrinsecamente ligada a conceitos como inovação aberta, fundos de investimento e incubadoras, que são exemplificados de forma notável por organizações como CVCs (*Corporate Venture Capitalists*) e VCs (*Venture Capitalists*). Essa abordagem multifacetada destaca como o investimento estratégico e as habilidades financeiras são essenciais para transformar ideias visionárias em realidades práticas e sustentáveis.

Os CVCs e VCs, especializados em investimentos em startups e tecnologias emergentes, adotam uma filosofia de inovação aberta, reconhecendo que as ideias inovadoras podem e devem surgir de diversas fontes externas à organização, incluindo startups, universidades e outros parceiros. Ao adotar esse modelo, essas organizações não apenas acessam um campo mais amplo de inovação, mas também entrelaçam diferentes perspectivas e competências, enriquecendo o processo.

Além disso, a atuação dos CVCs e VCs como fundos de investimento destaca a importância do capital no desenvolvimento de novas tecnologias. Ao fornecer financiamento, essas organizações permitem que ideias promissoras, que de outra forma poderiam não ter os recursos necessários, sejam exploradas e desenvolvidas. Esse apoio financeiro é muitas vezes o fator determinante para que uma inovação passe da fase conceitual para a comercialização.

Incubadoras, outro elemento vital neste ecossistema, também desempenham um papel significativo. Elas oferecem suporte, recursos e orientação para startups e inovadores emergentes. Ao fazer isso, incubadoras como as que colaboram com os CVCs e VCs aceleram o desenvolvimento de novas empresas, mas também mitigam os riscos associados às fases iniciais de qualquer empreendimento inovador.

A combinação destes elementos — inovação aberta, fundos de investimento e incubadoras — sob a égide de habilidades financeiras astutas, cria um ambiente propício para a inovação florescer. Esta estratégia não é somente sobre alocação de recursos, é sobre entender profundamente como, onde e por que investir no ecossistema de inovação.

Portanto, os CVCs e VCs representam um exemplo perfeito de como habilidades financeiras e estratégicas são indispensáveis no mundo da inovação. Ao equilibrar a visão criativa com o pragmatismo financeiro, eles demonstram que o sucesso sustentável de qualquer iniciativa inovadora depende tanto da geração de ideias brilhantes quanto do gerenciamento estratégico e financeiro competente dessas ideias.

Ademais, a parte dos Corporate Venture Capitals e Venture Capitals ressalta a importância estratégica de ter um braço de investimento em startups nas empresas, o qual atua como um fundo de investimento que aporta capital em startups. Por que isso é tão relevante? Porque essas empresas buscam investidores para alavancar suas iniciativas e, ao ter grandes empresas como investidoras, elas ganham credibilidade e visibilidade no mercado.

Ter um braço de investimento como os CVCs permite que a empresa participe ativamente das decisões estratégicas das startups investidas, assim como abre oportunidades para contribuir com o crescimento delas. Com isso, a empresa, além de obter um retorno estratégico ao investir em inovações promissoras, pode adquirir um retorno financeiro significativo quando as startups investidas crescerem e prosperarem.

Dessa forma, ao integrar a inovação com o investimento estratégico em startups, as empresas podem obter o melhor dos dois mundos. Elas podem impulsionar a inovação interna enquanto colaboram com startups externas, ao mesmo tempo que garantem retornos financeiros substanciais e fortalecem sua posição competitiva no mercado. Essa abordagem é essencial para negócios que buscam se destacar em um ambiente empresarial cada vez mais dinâmico e competitivo.

CAPÍTULO 08

O Método T de Inovação

Como funciona na prática e como evitar fanatismos

A eficácia da inovação, de fato, é mais bem medida pela aplicabilidade no mundo real do que pela profundidade da teoria. O Movimento Lean Startup exemplifica essa abordagem prática à inovação. Em sua essência, este movimento promove a ideia de "aprender fazendo", uma filosofia que enfatiza a importância da ação direta e da experiência prática no processo de aprendizado e inovação.

A metodologia Lean Startup, popularizada por Eric Ries, desafia o modelo tradicional de desenvolvimento de negócios e produtos. Em vez de se embrenhar em extensos planejamentos e desenvolvimentos baseados em suposições, a Lean Startup defende a experimentação rápida e a adaptabilidade. Isso envolve a criação de protótipos mínimos viáveis (MVPs, sigla em inglês para *minimum viable product*), testando-os rapidamente no mercado, coletando feedback e ajustando a abordagem com base nessa informação. Este ciclo iterativo de construir-medir-aprender permite que as empresas inovem mais rapidamente, reduzam riscos e se adaptem às necessidades do mercado em tempo real.

Essa abordagem prática à inovação reflete a máxima de Confúcio: "Eu ouço e esqueço. Eu vejo e lembro. Eu faço e entendo." Aprender fazendo é uma maneira poderosa de internalizar conhecimento e gerar *insights* profundos. No contexto da inovação, isso significa que as ideias e teorias são testadas e refinadas através da experiência direta, garantindo que a inovação seja relevante e eficaz.

O Movimento Lean Startup, portanto, oferece uma alternativa valiosa ao fanatismo teórico, concentrando-se em resultados práticos e adaptabilidade. Ele reconhece que, no mundo dinâmico e muitas vezes imprevisível dos negócios, a capacidade de responder rapidamente às mudanças e aprender com a experiência é crucial. Ao adotar essa mentalidade, as empresas podem inovar de maneira mais eficiente e eficaz, criando produtos e serviços que realmente atendem às necessidades e expectativas dos clientes.

O T da Inovação: organizar a empresa verticalmente (base) para perceber o ecossistema (telhado)

No dinâmico mundo dos negócios de hoje, no qual a inovação se tornou a linha vital para o sucesso e a sustentabilidade, surge o Método T de Inovação, não apenas como uma abordagem, mas também como uma revolução no pensamento e na prática. Este método, com sua estrutura única e abordagem holística, estabelece-se como a chave para desbloquear o potencial inexplorado de ideias e transformá-las em realizações concretas e impactantes.

O Método T começa com a premissa de que a inovação requer uma base sólida, uma estrutura organizada que serve como alicerce para qualquer ideia transformadora. Imagine as raízes de uma árvore robusta: elas não são apenas fundamentais para sua sobrevivência, mas também para o seu crescimento. No Método T, a estrutura organizada é essa base essencial. É a definição clara de metas, a alocação estratégica de recursos e a construção de uma cultura de inovação que permite ideias inovadoras se desenvolverem em um ambiente propício.

Porém, ter uma base sólida não é suficiente. A inovação exige movimento, agilidade e ação. Aqui entra a parte superior do Método T, caracterizada pela aceleração, que não trata apenas de velocidade, mas sim de eficiência, de transformar ideias em ações de maneira rápida e eficaz. Este é o estágio no qual a inovação é impulsionada, no qual as ideias começam a se ramificar e alcançar novas alturas, assim como os galhos de uma árvore se estendendo para o céu.

O Método T ensina que a inovação é um processo que envolve tanto a estrutura quanto a aceleração. Não basta ter uma ideia brilhante, é necessário ter o mecanismo para executá-la. Da mesma forma, não é suficiente ser rápido na implementação, é essencial ter uma base sólida sobre a qual essa rapidez possa ser construída. É a fusão desses dois aspectos que torna o Método T uma ferramenta tão poderosa.

Na prática, implementar o Método T significa abraçar uma liderança eficaz, uma gestão de projetos coesa e uma cultura de colaboração e inovação. Significa entender que cada membro da equipe é vital para o processo inovador, assim como cada parte de uma árvore contribui para o seu crescimento. Significa também estar preparado para se adaptar rapidamente, abraçando métodos ágeis e respondendo com flexibilidade às mudanças do mercado.

O Método T não é apenas uma teoria, é uma abordagem prática e aplicável que já transformou inúmeras organizações. Ele oferece um caminho claro, não apenas para iniciar o processo inovador, mas para sustentá-lo e ampliá-lo. É um convite para repensar a inovação, para ver além dos limites convencionais e explorar novas possibilidades.

Este método se revela como um guia indispensável para qualquer um que busca não apenas sobreviver, mas prosperar no cenário competitivo dos negócios atuais. Ao adotá-lo, você não está apenas aderindo a uma estratégia, mas também tomando um caminho para o futuro no qual a inovação se torna uma parte vital de sua organização, alimentando o crescimento contínuo e o sucesso sustentável.

Preparando a empresa para inovar com o T da Inovação

Uma vez que já sabemos do que se trata o Método T de Inovação, precisamos aplicá-lo, proporcionando um caminho para que as empresas transformem suas operações e cultura, abraçando a inovação de forma estruturada e ágil.

Implementar esse método envolve um processo detalhado, que prepara a organização para gerar ideias inovadoras e transformá-las em realidades impactantes.

Mas antes de mencionar alguns passos que sigo ao adotar este método, vou te falar dos erros que já vi muitas empresas cometerem, os quais impediram que a inovação prosperasse nelas. Vou citar aqui 5 fatores, e quero que você perceba que na maioria dos casos o conceito do T é fundamental para corrigir as falhas.

1. **Resistência à mudança:** Muitas grandes empresas possuem culturas corporativas enraizadas e uma predisposição para manter o *status quo*. A resistência à mudança pode vir tanto da liderança quanto da base, com funcionários e gestores hesitantes em adotar novas ideias ou processos por medo de falhas, perda de poder ou na rotina. Essa resistência pode sufocar a inovação antes mesmo que ela tenha a chance de provar seu valor. Aqui não há esforço nem para consolidar a estrutura e muito menos para acelerar. É uma briga de egos que impede a inovação de acontecer.

2. **Falta de flexibilidade organizacional:** Estruturas organizacionais rígidas e hierarquias pronunciadas dificultam a agilidade e a capacidade de resposta rápida às mudanças do mercado ou às novas oportunidades de inovação. A falta de flexibilidade pode resultar em processos de tomada

de decisão lentos e na incapacidade de experimentar ou fazer mudanças quando necessário. Neste caso temos uma estrutura sólida, mas pouco espaço criativo. Raízes sólidas sem a preocupação com os frutos também não é inovação.

3. **Processos de inovação ineficazes:** Mesmo quando as empresas estão dispostas a inovar, a falta de processos estruturados e eficazes pode levar ao fracasso. Isso inclui falhas no gerenciamento de projetos, na alocação de recursos, na definição de objetivos claros e mensuráveis, e na implementação de mecanismos de feedback e aprendizado contínuo. Neste caso é a empresa que fomenta a criatividade — todo mundo tem ideias, mas faltam os processos, faltam as raízes.

4. **Foco excessivo em resultados de curto prazo:** Muitas grandes empresas estão sob a pressão constante de entregar resultados trimestrais aos acionistas, o que pode levar a um foco excessivo em resultados de curto prazo em detrimento de investimentos em inovação de longo prazo. Essa visão pode limitar a disposição da empresa para assumir riscos e explorar novas ideias que não gerem retorno imediato.

5. **Isolamento do ecossistema de inovação externo:** O sucesso da inovação muitas vezes depende de uma rede robusta de parceiros, clientes, startups, universidades e instituições de pesquisa. Empresas que se afastam desse ecossistema externo perdem acesso a novas ideias, tecnologias

e talentos. O isolamento pode impedir que a empresa acompanhe as últimas tendências e práticas inovadoras, resultando em soluções obsoletas ou fora de sintonia com as necessidades do mercado. O conceito do T da inovação diz respeito sobretudo ao ecossistema. É entender que ninguém faz nada sozinho.

Observando este cenário, vemos que é muito simples identificar a razão de as empresas não conseguirem inovar. Por isso, quando construí o método, percebi, cada vez que o aplicava, que ele era capaz de solucionar todos esses desafios que as pessoas enfrentam ao inovar. E vou apresentar aqui alguns passos que considero fundamentais para você conseguir internalizar este método na sua empresa, não importa o tamanho do seu negócio.

Passo 1. Análise e mapeamento dos processos internos

O primeiro passo da metodologia consiste na análise e no mapeamento dos processos internos da empresa. O objetivo é identificar quais processos existentes podem ser afetados pela inovação, como eles interagem entre si e como podem impactar a introdução de novas ideias e soluções inovadoras. Isso envolve uma análise minuciosa dos processos operacionais, administrativos e gerenciais da empresa.

Os benefícios desta etapa incluem uma compreensão clara dos pontos fortes e fracos dos processos internos em relação à inovação, além da identificação de áreas que podem precisar de ajustes ou melhorias para facilitar a implementação de iniciativas inovadoras.

Passo 2. Adaptação e otimização dos processos

No segundo passo da metodologia, concentramo-nos na adaptação e otimização dos processos internos. O objetivo é revisar e ajustar esses processos para torná-los mais ágeis, flexíveis e alinhados com os objetivos de inovação da empresa. Isso implica identificar quais deles precisam ser modificados para dar suporte à implementação de novas ideias e tecnologias. Além disso, desenvolvemos procedimentos e políticas específicas para lidar com startups e agilizar a adoção de inovações.

Os benefícios desta etapa incluem a melhoria da eficiência operacional e a redução de obstáculos que possam impedir a inovação, além da criação de um ambiente mais receptivo e propício para a experimentação e implementação de novas soluções.

Passo 3. Formação de equipes multidisciplinares

No terceiro passo da metodologia, focamos na formação de equipes multidisciplinares. O objetivo é montar equipes diversificadas com membros de diferentes áreas da empresa para colaborar na promoção da inovação. Para isso, selecionamos profissionais com habilidades complementares e experiências diversas, visando formar times que possam abordar os desafios de forma abrangente e criativa. Definimos papéis e responsabilidades claras para cada equipe, promovendo a colaboração e a troca de conhecimentos entre os membros.

Os benefícios dessa abordagem incluem a integração de diferentes perspectivas e competências, enriquecendo o processo de inovação, além do aproveitamento máximo do potencial criativo e inovador de cada membro da equipe. Essa diversidade e colaboração são essenciais para impulsionar a criatividade e encontrar soluções inovadoras para os desafios da empresa.

Passo 4. Validação e suporte financeiro

No quarto passo da metodologia, concentramo-nos na validação e suporte financeiro. O objetivo é implementar processos para validar e financiar projetos de inovação, garantindo recursos para transformar ideias em realidade. Para isso, estabelecemos critérios e métricas para avaliar a viabilidade e o potencial de retorno sobre o investimento (ou ROI, *return on investment*) de projetos inovadores. Além disso, criamos um fundo de investimento interno ou estabelecemos parcerias com investidores externos para fornecer suporte financeiro a startups e iniciativas inovadoras.

Os benefícios dessa abordagem incluem a garantia de recursos financeiros para explorar e desenvolver ideias promissoras, bem como a redução do risco associado à implementação de projetos inovadores por meio de investimentos estratégicos e bem fundamentados. Essa validação e suporte financeiro são essenciais para impulsionar o progresso e a realização de iniciativas inovadoras dentro da empresa.

Passo 5. Comunicação e disseminação da cultura de inovação

No quinto passo da metodologia, nos concentramos na comunicação e disseminação da cultura de inovação. O objetivo é promover uma cultura organizacional que valorize e incentive a inovação em todos os níveis da empresa. Para alcançar esse objetivo, desenvolvemos estratégias de comunicação interna e externa para compartilhar os benefícios e resultados das iniciativas inovadoras. Além disso, engajamos os colaboradores por meio de programas de reconhecimento, treinamento e incentivos que promovem a participação e o envolvimento com a inovação.

Os benefícios dessa abordagem incluem a criação de um ambiente de trabalho inspirador e motivador no qual as ideias são valorizadas e os colaboradores, encorajados a contribuírem com soluções inovadoras, fortalecendo assim o compromisso organizacional com a inovação e o desenvolvimento contínuo.

Passo 6. Monitoramento e avaliação contínua

No sexto passo, focamos no monitoramento e na avaliação contínua. O objetivo é estabelecer processos para acompanhar o progresso das iniciativas de inovação e garantir a eficácia delas no longo prazo. Para alcançar esse objetivo, implementamos sistemas de monitoramento de desempenho e indicadores-chave de desempenho (ou KPIs, do inglês *key performance indicators*) para avaliar o impacto das iniciativas de inovação. Realizamos avaliações periódicas para identificar oportunidades de melhoria e ajustar a metodologia conforme necessário.

Os benefícios dessa abordagem incluem a tomada de decisões baseada em dados e evidências, permitindo a correção de rumos e a otimização dos recursos investidos em inovação, garantindo também que a metodologia esteja alinhada com os objetivos estratégicos da empresa e adaptada às mudanças do mercado e do ambiente de negócios.

Passo 7. Integrar e sustentar a inovação

Finalmente, a integração efetiva da estrutura e da aceleração é o que completa o Método T. Isso significa garantir que a base sólida e os esforços de aceleração sejam contínuos e se reforcem mutuamente. Acompanhe o progresso, meça o sucesso e ajuste as estratégias conforme necessário.

A sustentabilidade da inovação é de suma importância. Inovação não se resume a um evento isolado, é um processo contínuo. É essencial desenvolver mecanismos para manter a inovação como uma parte integrada da operação da empresa, garantindo que ela evolua e se adapte às mudanças do mercado e às necessidades dos clientes.

Na adaptação, é fundamental considerar que cada empresa terá um mecanismo próprio, desenvolvido de acordo com a cultura interna e metas específicas. No entanto, se a base for estruturada de forma sólida, esses mecanismos tenderão a funcionar de maneira eficaz e consistente ao longo do tempo.

Portanto, ao implementarmos o Método T de Inovação, preparamos a empresa para um futuro no qual a inovação é constante e os resultados, tangíveis. Ele transforma a maneira como a empresa opera, pensa e cresce, garantindo que a inovação seja não apenas um slogan, mas uma realidade praticada. Ao adotar este método, sua empresa estará não apenas se preparando para o futuro, mas também o definindo.

Exemplos práticos do T da Inovação

O homem que mudou o jogo: uma abordagem diferente com foco em resultado

O filme *O homem que mudou o jogo* ilustra perfeitamente a aplicação prática do Método T de Inovação em um cenário no qual os esportes profissionais são dominados por equipes com orçamentos exorbitantes. O enredo ilustra como estratégias inovadoras, baseadas em dados e análises, podem redefinir um campo inteiro e levar ao sucesso improvável, mesmo sob as circunstâncias mais desafiadoras.

O filme narra a jornada revolucionária de Billy Beane, gerente do time de beisebol Oakland Athletics. Confrontado com um orçamento severamente limitado, Beane foi forçado a repensar as estratégias de formação de equipes de beisebol. Sua situação exigia uma abordagem inovadora, que desafiasse as normas estabelecidas e reimaginasse o processo de seleção e formação de equipes.

Adotando uma mentalidade que se alinha perfeitamente com a base do Método T, ele se voltou para a sabermetria, uma abordagem analítica focada na utilização de estatísticas avançadas para avaliar jogadores. Essa estratégia representou uma mudança radical em relação aos métodos tradicionais, que dependiam fortemente da experiência e intuição dos olheiros. Em vez disso, Beane e sua equipe utilizaram dados e análises estatísticas para identificar jogadores subestimados pelo mercado, aqueles cujas habilidades eram desvalorizadas sob critérios convencionais, mas que mostravam ter um potencial significativo sob uma análise mais aprofundada.

Este movimento audacioso e fundamentado em dados estabeleceu a estrutura organizada necessária — a base do T. Ele desafiou a cultura e as práticas estabelecidas, definindo novos padrões para avaliação e recrutamento de talentos.

Foi uma mudança que exigiu não apenas a adoção de novas ferramentas e métodos, mas também uma mudança cultural dentro da própria organização.

Com a base determinada, a aplicação do Método T começou a tomar forma. Beane e sua equipe rapidamente implementaram a nova estratégia, recrutando jogadores que se encaixavam em seu modelo inovador. Não só a rapidez na implementação importava nesta fase do processo, mas também a eficiência, para maximizar o impacto de cada decisão tomada com base nas análises.

Os resultados foram surpreendentes. Contra todas as probabilidades, o Oakland Athletics, armado com um dos menores orçamentos da Major League Baseball, transformou-se em uma das equipes mais competitivas da liga. Mais do que isso, a abordagem de Beane provocou uma mudança de paradigma em todo o beisebol profissional, e a partir de então mais equipes passaram a tomar decisões baseadas em análise de dados.

A história de *O homem que mudou o jogo* é um testemunho do poder do Método T de Inovação. Ela demonstra como a criação de uma estrutura organizada, ancorada em dados e análises, e a capacidade de agir rapidamente e de forma decisiva sobre essa base pode levar a resultados extraordinários.

Casos similares

1. Netflix: otimização da experiência do usuário com base em dados

A trajetória da Netflix é um exemplo notável de inovação contínua e adaptativa que se alinha perfeitamente com o conceito do Método T. Não se trata apenas de um exemplo de adaptação às mudanças no mercado de entretenimento; é uma crônica de reinvenção e visão estratégica que transformou completamente a indústria.

Inicialmente, a Netflix enfrentava um mercado dominado por locadoras físicas tradicionais. Foi quando a empresa, sob a liderança visionária de Reed Hastings, começou a construir sua base sólida. Reconhecendo as frustrações dos clientes com as locadoras, a companhia introduziu uma solução inovadora: o aluguel de DVDs pelo correio com taxas fixas e sem multas por atraso. Esta estratégia não só atendeu às necessidades dos clientes de uma maneira nova e conveniente, mas também lançou as bases para uma mudança radical na forma como as pessoas acessavam e consumiam conteúdo de entretenimento.

A verdadeira aceleração no caminho da inovação veio com a decisão da empresa de se aventurar no streaming on-line. Percebendo a mudança iminente nas preferências dos consumidores e nas tecnologias disponíveis, a Netflix adaptou seu modelo de negócios com rapidez. A transição do aluguel de DVDs físicos para o streaming foi uma jogada audaciosa que exigiu, para além da adoção de novas tecnologias, uma reimaginação completa da experiência do usuário e do modelo de negócios. E essa mudança foi implementada com uma eficiência notável, consolidando sua posição como um líder inovador no mercado de entretenimento.

No entanto, a inovação na Netflix não parou por aí. A empresa então se aventurou na produção de conteúdo original, começando com séries aclamadas como *House of Cards*. Essa expansão representou uma integração completa do Método T de Inovação, na qual a base sólida da empresa no streaming foi combinada com a aceleração ambiciosa na produção de conteúdo próprio. O uso de análises de dados para entender as preferências do público e a decisão estratégica de investir em conteúdo original não foram apenas movimentos para manter a relevância, mas também para definir as tendências na indústria do entretenimento.

A jornada da Netflix é um testemunho do poder da inovação baseada em dados, da visão estratégica e da capacidade de se adaptar rapidamente a um mercado em constante evolução. Ela demonstra como uma base sólida de operações e uma abordagem ágil e adaptativa à mudança podem permitir a sobrevivência de uma empresa em um ambiente desafiador e até mesmo pavimentar o caminho para sua liderança e domínio no setor. A Netflix continua a explorar novas tecnologias e formatos, como a realidade virtual e conteúdo interativo, assegurando que sua inovação seja sustentável e relevante.

2. Spotify: curadoria personalizada com algoritmos

A ascensão do Spotify no mundo da música digital é uma história exemplar de inovação disruptiva e adaptabilidade, encapsulando perfeitamente os princípios do Método T de Inovação. Desde o início, o Spotify, além de enfrentar desafios significativos em um mercado saturado e dominado por gigantes da indústria, revolucionou a maneira com a qual as pessoas acessam e consomem música.

No coração do sucesso do Spotify estava a criação de uma base sólida, focada na resolução de um problema central no mercado de música: a pirataria e o acesso limitado a músicas de forma legal e conveniente. Identificando essa lacuna, o Spotify construiu sua estratégia inicial em torno de um modelo *freemium*, oferecendo acesso gratuito financiado por propagandas, e opções de assinatura *premium*. Esta abordagem não só atraiu usuários que estavam acostumados a baixar músicas ilegalmente, como também estabeleceu um novo padrão no consumo de música digital.

A aceleração da inovação veio com a rápida expansão do serviço em termos de catálogo e alcance geográfico. O Spotify adotou uma abordagem ágil para incorporar feedback dos usuários, aprimorar a plataforma e expandir seu acervo musical. Eles também estabeleceram parcerias estratégicas com gravadoras e artistas, garantindo um fluxo contínuo de conteúdo novo e exclusivo. Esta fase de aceleração não se destaca apenas pelo crescimento rápido, mas também pela consolidação do Spotify como uma plataforma indispensável para o consumo de música.

Além disso, a inovação contínua tem sido uma característica fundamental do serviço. A empresa não se limitou a oferecer streaming de música, ela reinventou a experiência do usuário através de recursos como playlists personalizadas, descoberta de músicas baseada em algoritmos e integrações sociais. Cada uma dessas inovações serviu para aprofundar o engajamento do usuário e fortalecer a base de usuários do Spotify.

A história desta empresa é um exemplo vívido de como a inovação eficaz pode ser alcançada com a combinação de uma base sólida e uma abordagem ágil e adaptativa. Ela soube identificar e atender a uma necessidade do mercado, ao mesmo tempo que se adaptava e evoluía rapidamente para manter sua relevância e liderança. O Spotify demonstrou que, em um setor em constante mudança como o da música digital, a capacidade de inovar continuamente e responder às mudanças do mercado é essencial para o sucesso de longo prazo.

3. Amazon: análise preditiva para otimização de vendas

A história da Amazon é uma narrativa exemplar de inovação constante e reinvenção que se alinha perfeitamente com os princípios do Método T de Inovação. Criada em 1994, a Amazon começou como uma modesta livraria on-line, mas a visão de seu fundador, Jeff Bezos, foi sempre muito além da venda de livros. Esta visão foi o início da construção da base sólida do Método T, na qual a Amazon estabeleceu as fundações para um crescimento exponencial e uma expansão sem precedentes.

No coração da estratégia inicial da empresa estava a ideia de criar a loja de varejo mais centrada no cliente do mundo. Esta abordagem formou a base da inovação da Amazon, permitindo-lhe construir um modelo de negócios que se adaptava continuamente e respondia às necessidades e desejos dos consumidores. A Amazon começou a expandir seu catálogo para além dos livros, incluindo gradualmente uma variedade de produtos e serviços e, assim, pavimentando o caminho para se tornar a gigante do e-commerce que é hoje.

A fase de aceleração no Método T se manifestou de várias maneiras. Primeiro, houve a expansão rápida e agressiva em diferentes categorias de produtos e mercados globais. A empresa não apenas diversificou seu portfólio de produtos, como também inovou na forma como esses produtos eram entregues. A introdução do Amazon Prime, por exemplo, foi uma jogada revolucionária que mudou as expectativas dos consumidores em relação ao tempo de entrega e ao serviço de assinatura.

E a Amazon não se limitou ao comércio eletrônico. Explorou e dominou novas áreas, como computação em nuvem, com a Amazon Web Services (AWS), e entrou no mundo do streaming de mídia com o Amazon Prime Video.

Cada uma dessas incursões é uma evidência da capacidade da empresa de não apenas se adaptar às mudanças do mercado, mas de antecipar e moldar essas mudanças.

Um aspecto crucial da jornada de inovação da Amazon é sua abordagem à tecnologia e dados. Desde a utilização de inteligência artificial para recomendações de produtos até o desenvolvimento de tecnologias de logística avançadas, a Amazon demonstrou uma habilidade extraordinária para integrar inovação tecnológica em todas as facetas de seus negócios. Esta integração não só fortaleceu sua base de operações, como também acelerou seu crescimento e expansão em novas áreas.

A história da Amazon é, portanto, um exemplo poderoso de como um negócio pode aplicar o Método T de Inovação para crescer em um mercado competitivo e reinventar continuamente a si mesma e ao mercado em que opera. A empresa começou com uma base sólida, focada em atender às necessidades do cliente, e se expandiu rapidamente, utilizando uma abordagem inovadora e tecnologicamente avançada para transformar e dominar o panorama do comércio global. A Amazon é um modelo para qualquer organização que aspira a inovar e se adaptar em um mundo em rápida evolução, provando que uma base sólida combinada com a capacidade de acelerar e adaptar é a chave para o sucesso duradouro e significativo.

4. Zara: adaptação rápida às tendências valendo-se da análise de dados

Obviamente, eu não poderia deixar de mencionar como a Zara implementou o Método T de Inovação em suas operações e estratégias de negócios.

A Zara, um ícone global no mundo da moda, é uma demonstração fascinante do Método T de Inovação em ação. Esta marca, parte do Grupo Inditex e fundada por Amancio Ortega na Espanha, começou como uma pequena loja e se transformou em um dos maiores nomes da moda rápida, redefinindo as normas da indústria com sua abordagem inovadora.

Desde seus primeiros dias, a Zara estabeleceu uma base sólida que a diferenciou de seus concorrentes. Esta base se sustentava apenas em uma visão inovadora, mas em uma estratégia de cadeia de suprimentos altamente eficiente e uma abordagem única para a moda. Em vez de seguir o ritmo tradicional da indústria da moda, com suas longas temporadas e ciclos de produção, a marca optou por um modelo que enfatiza a agilidade e a resposta rápida. Este modelo permitiu à Zara encurtar o ciclo entre o design e a distribuição, e, assim, introduzir novas tendências e estilos em um ritmo muito mais rápido do que as marcas tradicionais.

A capacidade de aceleração da empresa é notável. Ela se distingue pela frequência com que atualiza suas coleções. Enquanto outras marcas lançam novas linhas principalmente de acordo com as estações do ano, a Zara introduz novos designs em suas lojas a cada poucas semanas. Isso mostra como a empresa, além de produzir moda a um ritmo acelerado, é veloz em se adaptar às mudanças nas preferências do consumidor. Utilizando sistemas avançados de feedback e dados coletados diretamente de suas lojas, a Zara consegue ajustar a confecção e a oferta de produtos quase em tempo real, alinhando-se estreitamente com as demandas do mercado atual.

Além disso, a Zara tem mostrado um compromisso com a inovação tecnológica e a sustentabilidade. A adoção de tecnologias avançadas em sua cadeia de suprimentos e pontos de venda melhora a experiência do cliente e a eficiência operacional. Paralelamente, a empresa vem se concentrando cada vez mais em práticas de sustentabilidade, reconhecendo a crescente importância da responsabilidade ambiental na moda.

A trajetória da Zara no setor de moda é uma clara representação do poder do Método T de Inovação. Ao estabelecer uma base sólida e flexível e combinar isso com a capacidade de responder rapidamente às tendências, a Zara não só se adaptou ao mercado da moda, como também o liderou, estabelecendo novos padrões e expectativas. Foi além de apenas sobreviver em um setor altamente competitivo e prosperou, redefinindo o que significa ser uma marca de moda rápida no século XXI.

CAPÍTULO 09

Inovação sem desculpas: dicas práticas para lidar com as objeções

> *O maior inimigo do conhecimento*
> *não é a ignorância,*
> *é a ilusão do conhecimento.*
> — Stephen Hawking

Transformar a inovação de uma palavra da moda em uma realidade empresarial exige mais do que apenas uma visão; requer liderança audaciosa para driblar as desculpas que muitas vezes impedem o progresso. Neste capítulo, exploramos estratégias práticas para superar as cinco desculpas mais comuns que bloqueiam o caminho da inovação.

1. "Não temos orçamento para inovação"

Como Lidar:
- **Priorize a inovação:** Aloque uma porcentagem do orçamento, mesmo que seja pequena, para inovação. Isso demonstra compromisso e incentiva a equipe a pensar de forma criativa dentro dos limites.

- **Promova pilotos de baixo custo:** Incentive a equipe a desenvolver projetos-piloto que requeiram investimento mínimo. Utilize ferramentas e recursos já disponíveis para testar novas ideias.
- **Busque financiamento externo:** Explore oportunidades de subvenções, parcerias com universidades ou colaborações com startups para acessar financiamento ou recursos adicionais.

2. "Isso nunca funcionará aqui"

Como Lidar:
- **Celebre e compartilhe sucessos:** Use exemplos de sucesso, tanto internos quanto externos, para inspirar e demonstrar a possibilidade de inovação dentro da empresa.
- **Crie grupos de inovação diversificados:** Forme equipes multidisciplinares para gerar ideias e soluções, promovendo uma variedade de perspectivas e reduzindo a resistência à mudança.
- **Implemente programas de mentoria:** Conecte inovadores com mentores dentro da empresa que possam oferecer orientação, apoio e validação de ideias.

3. "As pessoas não entendem o que é inovação"

Como Lidar:
- **Desmistifique a inovação:** Promova sessões de treinamento e workshops para explicar conceitos de inovação de forma

acessível e prática. Use exemplos relevantes e casos de sucesso para ilustrar o impacto da inovação nos negócios.
- **Crie programas de mentoria:** Estabeleça programas de mentoria nos quais os funcionários mais experientes possam compartilhar seus conhecimentos e experiências sobre inovação com colegas menos familiarizados com o tema.
- **Utilize recursos on-line:** Disponibilize recursos on-line, como cursos e vídeos, para que os funcionários possam aprender sobre inovação em seu próprio ritmo e conveniência.

4. "Estamos muito ocupados para inovar"

Como Lidar:
- **Integre a inovação ao cotidiano:** Encoraje os líderes a incorporarem objetivos de inovação nas metas regulares da equipe, assegurando que a inovação seja parte das responsabilidades diárias.
- **Promova sprints de inovação:** Dedique períodos específicos, como um dia por mês, para as equipes deixarem o trabalho rotineiro um pouco de lado e se concentrarem em projetos inovadores.
- **Reconheça e recompense a inovação:** Estabeleça um sistema de recompensas para ideias inovadoras e projetos bem-sucedidos, reforçando a importância da inovação mesmo durante períodos de alta demanda.

5. "Isso é muito arriscado"

Como Lidar:
- **Adote a mentalidade de prototipagem rápida:** Encoraje a criação de protótipos de baixo custo para testar ideias, permitindo falhas rápidas e aprendizado sem grandes investimentos.
- **Estabeleça marcos de risco controlado:** Defina pontos de verificação nos quais o progresso e o risco possam ser avaliados, permitindo ajustes antes de comprometimentos maiores.
- **Promova a diversificação de projetos:** Apoie uma carteira de projetos de inovação, equilibrando riscos entre iniciativas de alta e baixa aposta.

6. "Nossa indústria ou nosso mercado não favorece a inovação"

Como Lidar:
- **Realize pesquisas de tendências:** Mantenha-se informado sobre inovações em indústrias similares ou tecnologias emergentes que possam ser adaptadas ao seu contexto.
- **Fomente parcerias estratégicas:** Colabore com startups, instituições acadêmicas ou outras organizações para trazer novas ideias e tecnologias para sua empresa.
- **Desenvolva uma cultura de observação de mercado:** Treine sua equipe para identificar e relatar tendências, necessidades dos clientes ou oportunidades de inovação, criando um fluxo contínuo de ideias.

Superar essas desculpas comuns requer não apenas estratégias específicas, mas também uma liderança que valoriza a inovação como um componente crítico do sucesso empresarial. Ao adotar estas abordagens, sua empresa pode transformar desculpas em ações, pavimentando o caminho para uma cultura de inovação sustentável e impactante.

CAPÍTULO 10

Visão de futuro e conclusão

Ao encerrar nossa jornada, trazemos não apenas um esclarecimento sobre o que é a inovação e como ela pode ser alcançada, mas também uma reflexão sobre o que o futuro nos reserva neste campo fascinante e em constante evolução.

A inovação, como vimos ao longo deste livro, não é uma entidade distante ou um monólito inalcançável, mas sim uma realidade vibrante e dinâmica, entrelaçada no tecido da vida cotidiana e dos negócios. Ela é acessível a todos, desde o indivíduo criativo na garagem até o líder visionário em uma corporação multinacional. Compreendemos que inovar no mundo contemporâneo é um ato de equilibrar a prática com a imaginação, de manter os pés firmemente plantados no solo da realidade enquanto se estende a mente para as nuvens das possibilidades.

Quando olhamos para o futuro, percebemos que a inovação promete estar ainda mais integrada em nossas vidas.

Espera-se que ela se torne cada vez mais sinônimo de adaptabilidade, uma habilidade fundamental tanto para indivíduos quanto para organizações. O futuro da inovação será marcado por uma confluência de tecnologias emergentes — como inteligência artificial, biotecnologia e computação quântica —, fundindo-se com as necessidades humanas e desafios globais. Veremos inovações que não apenas aperfeiçoam processos e produtos, como também resolvem problemas complexos e melhoram a qualidade de vida em escala global.

O Método T de Inovação, juntamente com os conceitos de cultura e ecossistema de inovação abordados neste livro, servirão como norteadores nessa jornada em direção ao futuro. Eles serão essenciais para enfrentar os desafios de inovar, transformando obstáculos em oportunidades, e incertezas em possibilidades. As próximas décadas prometem ser de transformações sem precedentes, nas quais a inovação não será apenas uma ferramenta para o sucesso, mas também um imperativo para a sobrevivência e a prosperidade.

Inovação sem complicação foi concebido como um guia, uma fonte de inspiração e um catalisador para a ação. Ao fechar este livro, esperamos que você não veja o fim, mas um ponto de partida para sua própria jornada inovadora. O futuro da inovação é um horizonte vasto e rico em potencial. Agora é sua vez de explorar e moldar esse futuro. Com os pés no chão e a mente nas nuvens, cada passo que você der pode abrir um mundo de possibilidades inexploradas.

A inovação está ao nosso redor, esperando para ser descoberta, modelada e ampliada. Encorajamos você a abraçar essa jornada com curiosidade, paixão e determinação. Vamos inovar juntos, criando um futuro que reflete o melhor de nossa imaginação, esforço e espírito humano.

Direção editorial
Daniele Cajueiro

Editor responsável
Hugo Langone

Produção editorial
Adriana Torres
Júlia Ribeiro
Amanda Mira

Copidesque
Manoela Alves

Revisão
Mariana Oliveira

Diagramação
Douglas Watanabe

Este livro foi impresso em 2024, pela Vozes, para a Agir. O papel de miolo é Avena 70g/m² e o da capa é Cartão 250g/m².